本书由人文在线出版基金资助出版

“北漂”大学毕业生：机会、约束与个人选择

■ 高杨文 著

图书在版编目（CIP）数据

“北漂”大学毕业生：机会、约束与个人选择 / 高杨文著 . -- 北京：中央编译出版社，2017.6
ISBN 978-7-5117-3276-7

Ⅰ . ①北…
Ⅱ . ①高…
Ⅲ . ①大学生—职业选择—研究
Ⅳ . ① G647.38

中国版本图书馆 CIP 数据核字 (2017) 第 037273 号

“北漂”大学毕业生：机会、约束与个人选择

出 版 人：葛海彦
出版统筹：贾宇琰
责任编辑：曲建文
执行编辑：程 彤
责任印制：尹 珺
出版发行：中央编译出版社
地　　址：北京西城区车公庄大街乙 5 号鸿儒大厦 B 座（100044）
电　　话：（010）52612345（总编室）　（010）52612370（编辑室）
（010）52612316（发行部）　（010）52612346（馆配部）
传　　真：（010）66515838
经　　销：全国新华书店
印　　刷：北京天正元印务有限公司
开　　本：710 毫米 ×1000 毫米　1/16
字　　数：157 千字
印　　张：10.25
版　　次：2017 年 6 月第 1 版第 1 次印刷
定　　价：38.00 元

网　　址：www.cctphome.com　　**邮　　箱**：cctp@cctphome.com
新浪微博：@ 中央编译出版社　　**微　　信**：中央编译出版社（ID：cctphome）
淘宝店铺：中央编译出版社直销店（http：//shop108367160.taobao. com)（010）55626985

本社常年法律顾问：北京市吴栾赵阎律师事务所律师 闫军 梁勤
凡有印装质量问题，本社负责调换，电话：（010）55626985

目　录

绪　论

一、研究背景

随着我国高等教育由“精英化”迈向“大众化”以来，高校毕业生的数量大幅增加，就业市场上供求关系发生了根本转变，大学毕业生就业的难度不断加大，灵活就业、自主创业、自由职业等非正规就业的比例大幅上升。《全国高校毕业生就业状况（2004—2008）》显示：全国高校毕业生中自主创业、自由职业、灵活就业的比例由2004年的14.7%攀升到了2008年的20.6%。[①]《2012届北京高校毕业生就业状况调查报告》显示：北京高校22万毕业生中，自主创业、自由职业、灵活就业的比例为15%。《2015届北京高校毕业生就业状况调查报告》显示：北京高校23万毕业生中，自主创业、自由职业、灵活就业的比例达到29%。也就是说从2012年到2015年，北京高校毕业生非正规就业的比例增长了14%，非正规就业人数增加了3.3万，非正规就业中有相当数量的京外生源大学毕业生留在北京工作，对于非北京生源毕业生来讲，在北京非正规就业，就意味着“北漂”。非正规就业比例上升或者持续高位徘徊，再加上外地高校非正规就业京外生源毕业生流入北京，使得“北漂”大学毕业生的绝对数量在逐年增加，到2011年年末，“北漂”大学毕业生超过百万。《中国流动人口发展报告（2012）》显示：2011年

① 全国高等学校学生信息咨询与就业指导中心、北京大学教育学院编著：《全国高校毕业生就业状况（2004—2008）》，北京大学出版社2009年第1版，第37—38页。

北京拥有本科及以上学历的流动人口占流动人口的比例为 12.0%。[①]《中国社会建设蓝皮书（2011）》显示：2011 年北京市登记流动人口占全市实有人口的比重已达 40%。国家统计局统计数据显示：到 2011 年末，北京市总人口为 2019 万人。根据以上三组数据，粗略估计，从 2011 年开始，北京市有近百万的本科及以上学历的流动人口，再加上专科学历的流动人口，北京地区形成了百万“北漂”大学毕业生群体。随着全国高校毕业生数量的逐年增加及北京市引进高校毕业生政策的趋严，使得该群体的规模也在不断扩大。

在“北漂”大学毕业生数量增加的同时，出现了以“蚁族”为代表的低收入群体和“逃离北京”等现象。《2010 年中国大学生就业报告》和廉思关于“蚁族”第二次调研结果显示：在全国各城市中，北京的大学毕业生中低收入就业漂族的比例最高，占比高达 10.3%，而且“北漂”大学毕业生中的弱势群体较多来自经济不发达地区地级及以下城市或农村，其中家庭背景为农民的比例为 54.7%。[②]廉思几年的纵向研究发现：当发生国家利益受损、社会不公平现象严重、群体尊严受到打击、发展上升通道受到阻滞等特定事件，“蚁族”较大规模的行动就可能发生，影响社会稳定。[③]所以从一定程度上来说，“北漂”大学毕业生中弱势群体的出现，会给社会治理带来挑战。《2011 年中国大学生就业报告》显示：在“北上广”就业的 2007 届大学毕业生中，有 22.2% 的人三年后离开了“北上广”，而且毕业半年后月收入 2000 元以下的收入阶层和 9000 元以上的收入阶层离开“北上广”的比例最高，分别为 22.0% 和 20.9%。[④]《新京报》对高校毕业生进行的就业调查显示：在 307 份有效问卷中，仅有近三成受访学生表示必须在“北上广”找工作，七成受访学生表示择业不以“北上广”为必选，而 2012 年清华大学在京就业毕业生更是

---

① 国家人口与计划生育委员会流动人口服务管理司编：《中国流动人口发展报告（2012）》，中国人口出版社 2012 年第 1 版，第 134 页。

② 廉思：《蚁族——大学毕业生聚居村实录》，广西师范大学出版社 2009 年 9 月第 1 版，第 58 页。

③ 廉思：《青年流动人口服务管理的实践探索》，载《前线》2015 年第 11 期，第 32—34 页。

④ 麦可思研究院编：《2011 年中国大学生就业报告》，社会科学文献出版社 2011 年第 1 版，第 271 页。

达到了十年来的最低水平，仅有50%。“北漂”大学毕业生逃离北京和应届毕业生在京就业愿望降低，某种程度上对北京来说是人才的流失，尤其是流动人口中高学历人才的流失。

大学毕业生之所以选择“北漂”，除了有较高的预期收入外，更重要的是北京有更多的就业机会，有利于发挥个人才能，实现自我人生价值。因此，与“生存型”流动人口的农民工相比较，“北漂”大学毕业生属于典型的“发展型”流动人口。廉思2009年《“蚁族”调研报告》显示：“蚁族”留在北京的主要原因分别为“学习深造机会多、工作条件好、能在大城市生活是自己的梦想、家人希望自己留京”，其中“学习深造机会多”占比49%，工作条件好占比28%。“蚁族”作为“北漂”大学毕业生中的低收入群体，坚守在北京的目的是抓住发展机会，其他的“北漂”大学生正是因为在北京抓住了发展机会，才在改善自身经济条件的同时实现着自我价值。大学毕业生之所以离开“北上广”主要是高房价、高物价、子女入学等隐性成本不断增加。《2011年中国大学生就业报告》显示：虽然一直留在“北上广”就业的毕业生月收入的涨幅比离开“北上广”就业的毕业生月收入的涨幅高18%，但是“北上广”房价水平更高，因此，与离开“北上广”的毕业生相比，其实际购买力并没有明显的优势。[①]

“北漂”大学毕业生作为一个流动人口群体，他们的迁入不仅是个人生存、发展的需要，同时也是首都建设中的重要人力资源。北京对大学毕业生的“拉力”，加之北京对非北京生源毕业生进京政策的收紧、就业市场上用人单位对学历要求的提高，使得这一群体的规模将不断扩大。“北漂”大学毕业生作为受过高等教育的群体，他们不仅有良好的教育背景，在人力资本、社会资本、就业技能等方面有独特优势，同时在自我实现、理想抱负、发展机会、心理需求等方面有更高的期望。但是“北漂”大学毕业生的“北漂”身份，使得他们不能与其他在北京正规就业的大学毕业生一样平等地分享社会公共服务资源，不能把自身的能力、素质优势转化成经济优势、发展优势、

---

① 麦可思研究院编：《2011年中国大学生就业报告》，社会科学文献出版社2011年第1版，第277页。

社会优势，不能很好地实现自己的理想抱负。因此，“北漂”大学毕业生在北京的生存状态和发展状况，不仅直接影响着他们个人价值的实现，而且也会对首都经济发展和社会、政治的稳定形成潜在的影响。可以说，将“北漂”大学毕业生作为研究对象不仅有助于人们对该群体的再认识，而且从建设和谐社会、发展首都的角度来看，也有特殊、重要的意义。

二、研究方法

本研究采用了定性研究和二手资料研究两种方法，其中主要采用定性研究方法，运用半结构访谈法，以访谈对象的视角来理解“北漂”大学毕业生的思想、生存、发展的状态以及他们对“北漂”大学毕业生群体的看法。

（一）定性研究方法的选择

“北漂”大学毕业生这一研究对象具有情境性、过程性和具体性，本研究旨在对“北漂”大学毕业生这一流动人口群体进行认知和解释，因此本研究要回答的问题具有很强的解释性。

一是研究问题的情境性。北京是本研究的特定情境，这一特定情境对没有北京户口、非正规就业的大学毕业生的思想状态、心理状态、生存状态、发展状态都会有直接或间接的影响。本研究拟通过再现访谈对象声音的形式，呈现置身于北京这一特定情境下的“北漂”大学毕业生的思想认知、生存状态、身份认同、发展定位的变化及其特征，形成对“北漂”大学毕业生群体的全新认知。

二是研究问题的过程性。无论是从群体还是个体的角度来看，“北漂”大学毕业生在北京工作、生活、发展，都会经历“冲突、融合与成长”的过程，甚至有部分人还会因为在北京发展不好而“逃离”北京。在这一过程中的每一个阶段，他们“漂”在北京的感受和认知都会有所不同，本研究就是要了解“北漂”大学毕业生的这种思想、感受、状态的变化过程，以及他们对这一过程的主观评价，这种过程及其主观评价不是定量方法能够回答的。

三是研究问题的具体性。虽然从群体的角度来看，“北漂”大学毕业生会有一些共性，但是关于人的研究还得从个体入手，尤其是关于“北漂”大学毕业生这一社会现象的理解和解释性研究，必须以“北漂”的每一个个案的深描为基础，然后通过“推论”和“社会学的想象力”来反映“北漂”大学生群体的整体状况，个案的深描尤其是个案思想、心理方面的研究是无法用定量方法实现的。

四是研究问题的解释性。本研究要回答的是关于“北漂”大学毕业生状态、过程和结果的问题，这一问题属于“质”性探索，需要通过分析关于研究对象的思想认识、心理感受方面的材料，对所要研究的问题进行解释。这属于马克斯·韦伯所说的“解释性理解”，通过这种解释来理解“北漂”大学毕业生这一社会现象。

（二）半结构访谈法的选择

观察和访谈是定性研究的两大基本方法，本研究的“过程性”要求不仅要收集研究对象的“现在时”信息，也要收集其“过去时”甚至是“未来时”的资料，要做到这一点必须采取访谈法，因为只有访谈才能把握研究对象对过去的评价、对未来的思考。本研究的“解释性”要求探究研究对象“漂”在北京的认识和感受，以寻求“北漂”大学毕业生在京工作和生活状态变化过程背后的意义解释，要做到这一点也必须采取访谈法。

就研究者对访谈结构的控制程度而言，访谈可以分为结构型、无结构型和半结构型三种类型。结构型访谈是量的研究常用的访谈方式，便于进行统计分析，但是容易遗漏研究者所没有考虑到的、与研究对象密切相关的重要信息。无结构型访谈，便于收集研究对象关心的问题和思考问题的方式，但是容易偏离研究者所关心的问题，不利于研究者收集与研究有关的重点信息。因此，本研究采用半结构访谈法，对于访谈过程中与访谈对象有关的个性化问题可以进行深入访谈，以便挖掘访谈对象访谈时的话外音，揭示“北漂”大学毕业生这一社会现象背后更深层的解释。

（三）访谈对象的选择

定性研究使用最多的是“非概率抽样”。根据派顿关于“目的性抽样”的策略，为了提高研究结果的效度，本研究在访谈对象的选择上遵循最大差异性、代表性和方便性三大原则。

一是最大差异性。就是要在界定研究对象的选择范围的基础上，确保访谈对象能够最大限度地覆盖“北漂”大学毕业生可能的各种类型。本研究在对“北漂”大学毕业生从学历、工作年限、国籍进行界定的基础上，在选择访谈对象时综合考虑了性别、工作年限、生源地、毕业院校的地域和层次等诸多因素。研究过程中共访谈了24名“北漂”大学毕业生，其中女生9人，男生15人；“985”“211”大学毕业生9人，重点大学毕业生10人，二本院校毕业生5人；本科学历22人，研究生学历2人；京内高校毕业生9人，京外高校毕业生15人；农村生源毕业生9人，城市生源毕业生15人；入学前家庭在北方的毕业生13人，在南方的毕业生11人；京内高校毕业生毕业时离开北京后又回京工作的1人，京外高校毕业生在京外工作后又来京工作的4人；逃离北京的2人。

二是代表性。就是每一个访谈对象必须能够代表“北漂”大学毕业生的某一种类型。在学校类型的选择上，每一类型都选择了中等水平院校，没有选最好或最差的院校。“985”“211”院校选择了中国人民大学、天津大学、西北大学、北京科技大学、北京交通大学、湖南师范大学；普通高校选择了北京工商大学、西南林业大学、东华大学、河北经贸大学、北京印刷学院、佳木斯工学院等。在访谈对象的选择上，同一所大学的毕业生，没有选择最好或最差的学生，只根据差异性原则对户籍、生源地、性别、专业有所要求，没有对学业成绩、就业单位、家庭背景等另做要求。另外，在对“北漂”大学毕业生的构成进行经验判断的基础上，对访谈对象在结构上做了一些限定，避免访谈对象在类型上出现重复。

三是方便性。就是要便于选择访谈对象和便于进行访谈，在选择访谈对象时，主要采取熟人介绍的方式，辅之以滚雪球的方式。成功访谈的对象中有17人是通过熟人介绍，有7人是访谈对象介绍的朋友或者同事。在访谈对象介绍新的访谈对象时，本研究按照差异性原则做了筛选，在性别、户籍、生源地、毕业院校等方面与已有访谈对象、介绍者本人都有所差异。在进行访谈时，根据访谈对象的方便，选择访谈时间、地点和方式，22位在京的

“北漂”大学毕业生都在访谈对象选择的地方和时间段进行了面对面访谈，而且征得访谈对象同意，有 18 人进行了录音；2 位离开北京、曾经的“北漂”大学毕业生则采取了电话访谈的方式。

（四）访谈资料的收集过程

资料收集分为两个阶段。第一阶段为试访谈阶段，根据研究问题的需要，2013 年 5 月，分别对京内高校和京外高校毕业的 2 名“北漂”大学毕业生进行了试访谈，在此基础上对访谈提纲进行了修改，形成了“京内高校”和“京外高校”两个版本的基础访谈提纲。第二阶段为正式访谈阶段，2013 年 6 月—11 月，以基础访谈提纲为蓝本，根据访谈对象的个体特点对提纲进行了适当调整，先后对 22 名“北漂”大学毕业生进行了访谈，访谈时间最短四十分钟左右，最长两个小时左右，收集了近三十五小时的录音资料，整理出了 12 万字的访谈资料，获得了大量第一手的研究资料。

（五）访谈资料的整理方法

访谈资料的整理采取扎根理论的三级编码体系，即开放式编码、轴心式编码、选择式编码，具体方式如图 0–1。

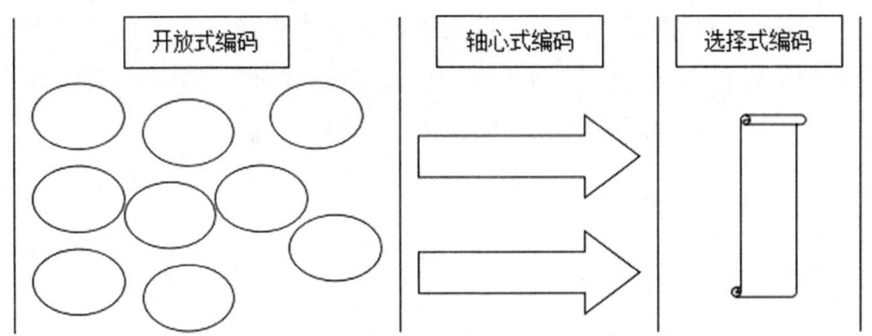

图 0–1　定性资料整理三级编码体系示意图

通过三级编码的方式，把访谈对象对“漂”在北京的思想动机、生存状态、发展选择等方面的描述，进行归纳、比较，从而得出结论。

三、研究现状

直接对“北漂”大学毕业生这一流动人口中的高学历群体进行研究的成果相对较少，与此相关的大量研究散见于流动人口、大学生就业、“北漂”三大研究领域。

（一）流动人口研究与“北漂”

与“北漂”大学毕业生相关，流动人口方面的研究主要是关注流动人口受教育程度的变化（出现的“高学历青年流动人口”）及流动人口代际变化（出现的“新生代流动人口”），“北漂”大学毕业生从群体特征上来说属于“高学历流动人口”和“新生代流动人口”的研究范畴。

由于流动人口的受教育程度不断提升，高学历流动人口在流动人口中的比重因此也在不断上升。传统的流动人口研究把重点放在了农民工问题的研究上，随着我国高等教育进入“大众化”阶段，高学历青年流动人口在总流动人口中的比例呈现出不断上升的态势，致使流动人口整体受教育程度不断提升。段成荣认为：流动人口的受教育程度明显高于总人口，全国流动人口中大专及以上的比率在不断上升。[①] 这一观点从各种调查数据可以得到印证。1982 年人口普查显示：全国流动人口中大专及以上的比率仅为 1.04%，2005 年全国 1% 人口调查显示：大专及以上的比率已大幅上升到 7.24%。北京高学历流动人口的占比由 2006 年的 6% 提升到 2012 年的 12.0%，流动人口中高学历流动人口的比例翻了一番多，说明“北漂”大学毕业生占比提高、数量增加，这也是“北漂”大学毕业生应当引起关注的原因。

随着流动人口受教育程度和高学历流动人口占比的双双提升，出现了与以农民工为代表的第一代流动人口不同的“新生代流动人口”群体。这一群体引起了政府的高度关注。2011—2012 年，国家卫生与计划生育委员会开展了“新生代流动人口”的专题调查，调查结果显示：新生代流动人口数量持

① 段成荣：《中国流动人口研究》，中国人口出版社 2012 年版，第 67 页。

续增加，从2005年的5980万上升到2010年的1.18亿，数量翻了近一番；新生代流动人口受教育层次显著提升，2012年新生代劳动年龄流动人口的平均受教育年限为10.6年，较上一代增加了1.7年，其中高学历人群成倍增长，大专、本科和研究生学历分别是上一代的2.8、2.8和1.9倍。新生代流动人口与上一代流动人口相比较，既有上一代流动人口的一般性特征，也有其自身的特点，主要表现在：逐步由生存型向发展型转变，其流动目的由以经济动因为主向经济、社会、发展等多种动因转变；流动方式由个体劳动力流动向家庭化迁移转变，举家迁移趋势明显；流动形态由“钟摆式”流动向在城市稳定生活、稳定工作转变；流动意向由“外出务工、返乡养老”向扎根城市、融入城市转变。“北漂”大学毕业生作为“新生代流动人口”的重要组成部分，新生代流动人口共性的特点“北漂”大学毕业生也具有，如发展型流动、扎根城市、融入城市等。

随着高学历流动人口数量的增加及在流动人口中占比的提升，高学历流动人口不仅引起了政府关注，而且学界也对高学历流动人口的社会认同、生存状态、基本特征等问题展开了研究。郭星华以北京市为例对高学历青年流动人口的社会认同状况及影响因素进行了分析，他认为：“北漂”对城市的发展和形象与自身的关系持较肯定的态度，但他们对城市的归宿感不强；与市民交往的深度与广度比较有限；与市民在文化和生活习惯上的差异感大于社会经济地位的差异感。[①]朱平翠对城市高学历流动人口生存状况进行了研究，他认为：高学历流动人口面临“生活压力大、社会风险增多，居住环境设施条件较差，认同感和归宿感缺乏、城市融入困难”等生存困境。[②]熊林以广州市五山街为例对大城市高学历流动人口的基本特征进行了调查，调查发现：大城市高学历流动人口快速增长，存在以男性为主、女性比例上升，中青年占主体，居所类型以出租房和单位宿舍为主，职业以企事业单位职员为主，

---

① 郭星华：《高学历青年流动人口的社会认同状况及影响因素分析》，载《中州学刊》2009年第6期，第103—108页。

② 朱平翠：《城市高学历流动人口生存状况浅议——基于几次人口普查相关数据的一点思考》，载《农村经济与科技》2012年第7期，第53—54页。

失业率较高等特征。[①] 以上关于高学历流动人口的研究结论，在某些方面也适用于“北漂”大学毕业生群体。《北京社会建设分析报告（2015）》指出：外地户籍大学毕业生群体收入整体偏低，大多数人的平均工资在北京市平均工资以下，但是住房支出比重大大高于北京居民，尽管北京高涨的生活成本给他们施加了很大压力，但是二、三线城市留给他们施展才华的空间有限，这使得他们不得不“蜗居”在北京。[②] 该报告代表了官方对高学历青年流动人口生存状况的认知。

全国和北京市流动人口整体受教育程度提升的原因除了新生代农民工自身文化程度和受教育年限有所提升外，另外一个重要的因素就是专科以上大学毕业生所形成的高学历流动人口的大量加入。因此，现有关于流动人口中“高学历流动人口”和“新生代流动人口”的研究，不仅为本研究提供了大量的背景资料，而且也提供了分析“北漂”大学毕业生现象的宏观视角。

（二）大学生就业研究与“北漂”

“北漂”大学毕业生的出现与我国高校毕业生就业制度改革带来的毕业生自由流动、高校扩招、高等教育由“精英化”向“大众化”转型带来的非正规就业大幅提升，都有密切关系。而高校毕业生自由流动和非正规就业是“北漂”大学毕业生出现的体制原因和主要就业形式。

一是高校毕业生就业的自由流动性增加。随着我国高校毕业生就业制度的改革，高校毕业生就业选择的自主性越来越强，就业时区域间的流动日益活跃。孙祥对大学生就业区域流向影响因素进行了研究，他认为：影响大学生就业区域流向差异的因素主要有基础环境因素（包括自然环境、经济因素、政治因素、社会因素）、用人单位因素（包括制度文化、工作环境、薪酬水平）、个人因素（包括价值取向、个人能力）、家庭因素（包括家庭观念、家

---

① 熊林：《大城市高学历流动人口基本特征调查》，载《城市观察》2011 年第 3 期，第 170—176 页。

② 宋贵伦：《北京社会建设分析报告（2015）》，社会科学文献出版社 2015 年版。

庭支持)。[①] 杨钋对高校毕业生就业流动现状进行了研究，研究发现，高校毕业生就业流动有四种空间模式，即不动、聚集、交换和发散。从发生比例来看，不动模式的比例高于聚集模式和发散模式，交换模式比例最低。比较就学地与就业地的关系发现，聚集到北京、上海、广州的毕业生多数来自周边省份，具有“邻里效应”。[②] 北京大学教育学院对我国高校毕业生的就业流动进行了研究，研究发现：不论是从生源地的角度还是毕业院校所在地的角度来分析毕业生就业流动，本地就业率都保持较高水平；从毕业生流入和流出的规模来看，东部地区始终是流入规模最大的地区，流入和流出比最高的是京津沪地区；从毕业生流入和流出的趋势来看，东部地区（包括京津沪）尽管对中西部地区的学生的吸引力依然较大，但从2004~2008年的趋势来看，中西部地区的毕业生去东部地区就业整体呈现下降趋势。高校毕业生流动就业及其特点是分析“北漂”大学毕业生的重要素材。

二是非正规就业成为解决高校毕业生就业难的一条重要途径。按照劳动关系的稳定程度，就业可分为正规就业和非正规就业。随着我国高等教育进入“大众化”教育阶段，在日益严峻的就业形势下，非正规就业作为一种灵活的就业方式，日渐成为大学毕业生就业的一条重要途径。而“北漂”大学毕业生从就业形式上来看，都以非正规就业为主。周守军认为：大学生非正规就业是我国市场经济发展的必然产物，是缓解大学生就业矛盾的主要方式。[③] 王丽认为：非正规就业是大学生“弱”势群体就业的有效途径。[④] 孙宏认为：高校毕业生的非正规就业分为签约大学毕业生的非正规就业和未签约大学毕业生的非正规就业，前者未必就真的就业，而后者未必就真的没有工

① 孙祥：《大学生就业区域流向影响因素研究》，合肥工业大学出版社2011年版，第32—40页。

② 杨钋：《高校毕业生就业流动现状的分析》，载《国家教育行政学院学报》2011年第4期，第75—80页。

③ 周守军：《大学生非正规就业探析》，载《教育研究》2002年第4期，第33—36页。

④ 王丽：《非正规就业——大学生弱势群体就业的有效途径》，载《河北师范大学学报》（教育科学版）2005年第6期，第73—75页。

作。[①]孟维认为：大学毕业生非正规就业相对于正规就业来说是“弱”的，主要体现在缺乏法律保护、户口受限制、缺少社会保障、工作不稳定等。[②]刘喆认为：大学生非正规就业面临认知困境、职业发展困境以及就业合法权益缺乏保护等问题，要解决这些问题，必须由政府、高校、企业构建符合大学生群体就业实际与就业要求的多位一体的社会正式支持体系。[③]高校毕业生非正规就业的出现，除了毕业生人数大幅提升导致就业市场上供给量增加外，还与用人单位类型的变化有关。在就业市场上，从用人单位的规模和类型上看，小微企业、私营企业的用人需求在大幅上升，而在城市，尤其是一、二线城市，这类用人单位一般都不能给毕业生解决户档关系，更多采取了非正规就业的形式，致使大学毕业生中流动人口的数量增加。非正规就业的情况可以从教育部关于高校毕业生就业率统计指标中“自主创业、自由职业、其他灵活就业”的占比情况得以反映，非正规就业比例的提升也是教育部所公布就业率多受社会诟病的原因所在。

（三）“北漂”研究

“北漂”是北京流动人口的一个重要群体，以“北漂”为题材的文学作品相对较多，而对“北漂”的学术研究成果相对较少，加之学术研究呈现“碎片化”的状态，导致对“北漂”大学毕业生的研究也缺乏系统化，现有研究多关注以“蚁族”为代表的低收入群体及“北漂”的社会融入问题和未来发展选择问题。

一是“北漂”大学毕业生中的低收入群体出现“在职贫困”、成为弱势群体的现象。廉思的《“蚁族”调研报告》《蚁族——大学毕业生聚居村实录》《蚁族2——谁的时代》等研究成果揭示了大学生低收入群体“蚁族”的

---

① 孙宏：《对当前大学毕业生非正规就业的估计分析》，载《甘肃社会科学》2006年第3期，第34—37页。

② 孟维：《大学生非正规就业“强”弱势群体研究》，载《辽宁工程技术大学学报》（社会科学版）2006年第2期，第75—80页。

③ 刘喆：《大学生非正规就业与社会支持体系研究》，载《教育教学论坛》2012年第7期，第107—110页。

状况。他认为："蚁族"是以刚毕业的大学毕业生及毕业2—4年的毕业生为主组成，有60%的人为外地城镇户口，有25%的人为外地农村户口，毕业于京内高校的毕业生占比45.9%，毕业于京外高校的毕业生占比54.1%，居住条件相对较差，大都居住在面积狭小、租金低廉的出租房内，收入主要集中在1000元—2500元收入段，社会保障水平相对较低，有32.3%的受访者没有与用人单位签订正式的劳动合同，用人单位没有给受访者上过"三险"的比例高达37%。《2010年中国大学生就业报告》对大学毕业生中的就业弱势群体进行了分析，认为：2009届低收入就业漂族漂在北京、上海和深圳的最多；低收入就业漂族的大学毕业生更多地来自经济不发达地区的农民与农民工家庭，其家乡都为地级及以下城市或农村；低收入就业漂族毕业半年后的月薪约相当于同届毕业生全国平均月薪的一半，而且半年内离职率明显高于全国平均水平。张蕾磊认为：北京地区"蚁族"群体规模在增大、学历层次在提高、居留模式在转型、聚集类型在变多、居京意愿在减弱、经济状况在改善，而且出现了代际性贫困、高学历贫困、综合性贫困等"在职贫困"现象。[①] 对以"蚁族"为代表的低收入群体的研究成果最多，也引起了社会和政府的高度关注。

二是"北漂"大学毕业生从心理上融入北京的程度较低。张羽认为：80后"北漂"的经济融入程度和社会融入程度较高，而心理融入程度较低。要改善这一群体的生存状态必须从推动政策与制度的改革及其群体归宿感两方面进行。[②] 孙运宏认为，"北漂"一族在争取经济资本留京发展的同时，文化资本的获得也是其融入北京的重要方面。作为社会行动者的"北漂"群体一旦参与到北京这一新的场域中，就需要利用其原始积累的资本和占有的社会地位，拓展新的社会网络，同其他行动者进行各种资本的竞争或者交换。[③] 社会融入问题是城市流动人口面临的共同问题，但是"北漂"大学毕业生由于

① 张蕾磊：《工蜂遭遇蚁族命运？》，载《大学生》2013年第1期，第111—113页。

② 张羽：《80后"北漂"的生存状态研究》，中国青年政治学院硕士学位论文，2005年，第25—26页。

③ 孙运宏：《"北漂"现象的社会学解读》，载《西安社会科学》2011年第4期，第27—42页。

群体性特点，在社会融入上与农民工群体相比有其特殊性，但是现有研究对这种特殊性的关注不太够、研究成果不太多。

三是关注"北漂"大学毕业生的发展选择问题。针对青年流动人口"逃离北上广""重回北上广""坚守北上广"等发展选择现象，复旦大学人口研究所教授任远认为：一线城市过高的生活成本和竞争压力，使"移民"环境恶化，导致青年人幸福感降低，引发部分人"逃离"。国务院发展研究中心企业所副研究员许召元认为：部分青年"逃离北上广"，其实是城市经济发展到一定阶段的体现，当城市经济发展到一定阶段，大城市"拥挤"现象越来越严重，生活成本、生产成本越来越高，部分人才也因不能负担大城市昂贵的生活成本而向中小城市转移。[①]国家教育行政学院副教授黄永军认为：青年选择"逃离"还是"重回"，有的人是主动选择，有的人则是被动选择，无论如何，都应当是基于个人的实际和追求，在对个人、家庭、事业发展与环境等因素有一个总体、长远的考虑的基础上做出的选择。中国政法大学副校长马抗美认为：选择"逃离""重回"还是"坚守"的原因，总体来说主要是两大类：一是外部因素，例如当地观念、体制等方面与一线城市有较大差距；二是涉及个人的理想、志向、兴趣等自身因素。[②]坚守与逃离是"北漂"大学毕业生研究关注的一个重要话题，从群体角度来看，呈现出与北京经济、社会宏观形势直接相关的阶段性；从个体角度来看，呈现出与个体家庭背景、人力资本、社会资本直接相关的长期性。

四是关注"北漂"大学毕业生中的部分群体。随着高校毕业生就业形势的日益严峻，毕业生就业难度日益加大，越来越多的毕业生选择了当"校漂族"。饶志华认为："校漂族"形成的原因有三：第一，对就业形势心存恐惧和逃避，第二，依赖心理严重，第三，茫然的自我认知。[③]廉思认为："校漂

---

① 鲍丹：《谁在逃离"北上广"》，人民网，2010年7月29日。

② 《为何重回"北上广"》，光明网，2011年8月17日。

③ 饶志华：《当代"校漂族"形成的原因及其教育路径选择》，载《青少年研究》2010年第5期，第25—27页。

族”漂在学校的主要原因有考研究生、生活成本低、恋校情节等，从生源地看，大部分是外地毕业后到北京考研或者找工作的毕业生，从学历方面看，主要集中在专科和本科学历，而且正规国民教育系列毕业生占大多数。[①] 另外，还有对“洋北漂”“北漂艺人”等群体的研究。

从上述文献分析中可以看出，现有关于“北漂”大学毕业生的研究有以下三个特点。一是作为流动人口中的高学历青年流动人口群体，因其与以农民工为代表的第一代流动人口有显著的差别，逐步引起了政府和学界的重视，但是对高学历青年流动人口的研究还偏重于从流动人口的视角来研究，从人力资本、社会资本及文化的视角对这一群体的研究相对欠缺。二是对“北漂”大学毕业生中的低收入群体和个别方面的研究相对较多、较充分，但是系统性的研究较少，因而出现人们对“北漂”大学毕业生群体理解上的偏差，尤其是“蚁族”概念提出后，人们会习惯性地给“北漂”贴上“蚁族”的标签。三是现有研究多采用定量研究法，定量研究有利于分析“北漂”大学毕业生群体一些易于量化的问题，但无法呈现“北漂”大学毕业生“漂”在北京的思想、心理、感受及其变化过程等“质”性的东西。

① 廉思：《我国“校漂族”群体的生存现状与定量研究》，载《社会科学家》2009年第4期，第40—44页。

第一章　“北漂”与“北漂”大学毕业生

“北漂”大学毕业生是“北漂”的重要组成群体，因此，要对“北漂”大学毕业生进行界定，必须先讨论“北漂”的内涵。

第一节　何为“北漂”

对于北京来讲，关于流动人口的书面表述有“农民工”“进京务工人员”“北漂”等概念。从以上概念的外延讲，“农民工”“北漂”其实都属于“进京务工人员”的范畴，因此，从“进京务工人员”的角度来看，从北京有流动人口开始，就有了“北漂”。“北漂”作为书面语，最早见于1999年《中国社会导刊》刊发的《“北漂”艺人，混在北京》和《紫金岁月》刊发的《“北漂”：在北京漂泊的艺人》两篇文章，从两篇文章的题目可以看出，书面语上的“北漂”最早是指到北京闯荡的文艺人士。2005年《法律与生活》刊发的《为何“北漂”不“南漂”》一文分析了“北漂”律师选择到北京漂泊的原因。2010年《文苑》刊发的《民国时期的“北漂”》一文列举了侯宝林、康有为、沈从文、齐白石等“北漂”成功人士的事例。梳理“北漂”进入书面语后的各种研究成果，可以发现：“北漂”这一概念的指代对象在不断地扩大，但多指代的是“漂”在北京的有知识、有学历的文化人，也正是“北漂”这个词把有文化的进京务工者与农民工区分开了。所以，从“北漂”这一词语起源及其应用的角度来看，“北漂”指的是有知识、有学历的文化人，不包括“进京务工人员”中学历层次较低的农民工。

“北漂”又称“北漂族”或“北漂一族”，这个概念在学术研究上一直都存在争议。王干认为：“北漂”是指在北京没有固定户口、没有固定住房甚至没有固定工作的人。[①] 张羽认为：“北漂”是指北京流动人口中有知识、有学历的那一部分人，主要是在文化产业、高新技术产业中就业或者寻找就业机会的有技能、高素质的年轻人。[②] 马承钧认为：“北漂”是指到北京寻找发展机遇抑或已经找到“饭碗”，但一无住房，二无户口，尚未在北京“扎根”的人。[③] 百度百科词条的解释是：北漂，也称北漂一族，是特指来自非北京地区的、非北京户口（即传统上的北京人）的、在北京生活和工作的人们（包括外国人、外地人）。因这类特征，北漂的人在来京初期都很少有固定的住所，搬来搬去的，给人漂乎不定的感觉，其自身也因诸多原因而不能对于北京有更多的认同感，故此得名。有的人是从北京高校毕业后，没有去外地而在北京找到工作，有的人则是从外地高校毕业后，直接来北京或者离开最初的工作单位而前来北京工作。尽管他们实现了就业，但是，从就业所在地与户籍所在地相分离的视角来看，他们仍然属于“漂”族。

虽然“北漂”的概念没有统一的表述，但是分析“北漂”一词的起源和以上研究者对“北漂”的几种定义可以发现，“北漂”有以下五个特点：一是没有北京户口，户籍在京外地区，这是划分这一群体的重要标准，也是这一群体无论发展得怎么好，都在北京找不到心理上的归宿感，始终处于漂泊状态的一个重要原因，这也是“北漂”一词对该群体在京状态的形象描述。二是在北京工作、学习或者生活，这一群体来到北京，有的是为了就业，他们找到了工作或者正在寻找就业机会；有的是为了创业，他们创业成功或者处于创业的过程中；有的是为了学习，在京准备参加研究生、出国留学等方面的各种考试；另外，也有部分年长者，来北京投靠子女，在北京生活。因此，虽然“北漂”中绝大多数在京状态为就业，但是不能单纯以就业来界定“北

① 王干：《“北漂”第一人》，载《青年文学》2001 年第 9 期，第 110 页。

② 张羽：《80 后“北漂”的生存状态研究》，中国青年政治学院硕士学位论文，2005 年，第 12 页。

③ 马承钧：《民国时期的“北漂”》，载《文苑》2010 年第 12 期，第 65 页。

漂”，毕竟“北漂”在京的状态是多种多样的。三是有知识、有学历、有技能，这一群体都有一定的学历或者较高的文化素养，属于流动人口中受教育程度较高的群体，这不仅是研究者的共识，而且也是“北漂”群体的共识。四是以青年人或者年轻时就来北京闯荡的人为主体，这是该群体在年龄上与农民工群体尤其是第一代农民工群体的差别。五是在北京缺少安全感和归宿感，他们不仅在身份上处于漂泊状态，而且在心理上也处于漂泊状态，虽然长期在北京工作、学习或生活，但是他们从内心里不认为自己是北京人，而且在北京本地人眼里，他们是“外地人”。

第二节 “北漂”大学毕业生

根据以上对“北漂”概念的分析，“北漂”大学毕业生指的是户籍不在北京，在北京工作、学习、生活的大学毕业生。“北漂”大学毕业生作为“北漂”群体中的高学历群体，是“北漂”群体的重要组成部分。

一、“北漂”大学毕业生大量出现的原因

“北漂”大学毕业生的大量出现既有制度、政策层面的原因，也有北京的就业环境及个体方面的原因。制度、政策层面的原因主要体现在以下四个方面。

（一）就业制度是“总开关”

我国高校毕业生就业制度改革，打开了高校毕业生毕业时自由流动的总“闸门”，为高校毕业生流动到北京地区就业扫除了制度上的障碍。我国高校毕业生就业制度经历了从“统包统配”到“自主择业”的变革。1952 年，我国高校开始实行“统一招生、毕业生统一分配”的制度，这一制度完全是计划体制下的就业模式，高校毕业生到什么地区、什么部门、什么岗位工作都

由国家决定，从生源地、就学地、就业地的变化来看，在就业地域上也有所流动，但是这种流动有很强的计划性，并不是根据高校毕业生的个人意愿来进行的。在“统包统配”制度下，高校毕业生的户口随着地域的流动而流动，不会出现户口与就业分离的现象，也就是说高校毕业生就业时地域上的流动，不会使高校毕业生成为就业地与户口所在地不同一的“流动人口”。

1993年，中共中央、国务院颁布了《中国教育改革和发展纲要》，“双向选择、自主择业”的就业制度改革全面铺开，终结了“统包统配”的高校毕业生就业制度，开启了高校毕业生“自主择业”的新时代。随着我国高校毕业生就业制度由计划向市场的改革，各种限制高校毕业生就业流动的政策也在逐步取消。以前，经营性单位录用高校毕业生缴纳的“培养费”、接收高校毕业生收取的城市增容费、毕业生出省（自治区、直辖市）费、毕业生出系统费以及其他各种名目的收费都取消了，而且也放开了省会及省会以下城市接收高校毕业生落户的限制。2000年，教育部把高校毕业生就业“派遣证”改为“报到证”，虽然只是表述上的变化，但是这种改变意味着“自主择业”高校毕业生就业制度的正式确立。

“自主择业”高校毕业生就业制度实施以后，高校毕业生可以根据自己的意愿，到自己想去的地方就业，就业流动的自由度和空间大大提升。这不仅促进了高校毕业生跨地域流动的正规就业，而且也促进了跨地域流动的非正规就业，致使高校毕业生在就业时户口与就业分离的现象大量出现。“北漂”一词在1990年代末出现，也印证了高校毕业生就业制度改革后，流动到北京的非正规就业的大学毕业生人数增加这一现象。根据北京市统计数据，从北京市的流动人口受教育年限来看，2000年为9.75年，2005年为9.1年，2010年为10.13年；从北京市流动人口中大专以上学历人员的数量来看，2005年为21.4万，2010年为104.8万。分析以上数据可以看出：高校毕业生就业制度改革后，“北漂”大学毕业生的数量有了大幅增加，尤其是2005年后，增长幅度更大。之所以会出现这种现象，除了受高校扩招这一因素影响外，与北京市流动人口管理和服务新政的出台也有一定关系。2005年底北京市委、市政府出台了《关于进一步加强流动人口管理与服务工作的若干意见》，明确提出将流动人口纳入实有人口服务管理体系，推进由户籍人口与暂住人口双轨制管理向社会实有人口服务管理模式转变，为包括“北漂”大学毕业生在内的流动人口创造了较为良好的外部环境。

教育部出台的“留档”政策为北京高校毕业生“漂”在北京提供了便利。为了帮助应届未就业毕业生充分就业，2002 年国务院办公厅转发教育部等部门《关于进一步深化普通高等学校毕业生就业制度改革有关意见的通知》中规定：对于毕业时未就业毕业生，可以将其户口转至入学前户籍所在地或两年内继续保留在原就读的高校。教育部“留档”政策出台后，北京市教委规定：在毕业离校后半年的期限内，毕业生只要能够取得就业单位所在地的户口指标，仍以应届毕业生身份正常派遣，超过毕业当年年底，只能以往届毕业生派遣到生源所在地就业。北京市这一政策的出台为许多非北京生源毕业生留在北京提供了便利，许多毕业时已经在北京非正规就业，而且不可能在北京和京外找到解决户口单位的非北京生源毕业生，纷纷把户口和档案留在学校，而不是迁回到生源所在地。留档政策出台的初衷是想缓解大学毕业生的就业压力，不料却给高校造成了不必要的负担，而且致使一些毕业生错过京外地区正规就业的机会。根据北京市教委的统计数据：截止 2008 年，共有 2.2 万余名户档留在高校的京外生源毕业生，其中超过两年期限的达到 9200 余人，超过六年期限的达到 3800 余人，而且留档期满后滞留的数量还在逐年增加。北京高校中的留档毕业生，绝大多数都“漂”在北京，是典型的京内高校毕业的“北漂”大学毕业生。

（二）高校扩招是“催化剂”

高校扩招一个最直接的结果就是高校毕业生数量的增加，进而改变就业市场上的供求关系，用人单位也因此抬高了用人门槛，出现“人才高消费”现象，一定程度上加大了毕业生就业的难度，催化了非正规就业的大量产生，使越来越多的大学毕业生加入到流动人口的行列。我国从 1999 年开始大规模推行高校扩招政策，根据教育部统计数据，2003 年大学毕业生总数 212 万，比 2002 年的 145 万增加了近 70 万，2013 年大学毕业生总数 699 万，是十年前毕业生总数的 3.3 倍。随着毕业生人数的增加，未落实就业单位毕业生的数量和非正规就业毕业生的数量都呈上升态势。以 2004—2008 年为例，高校毕业生总数从255万增加到559万，初次就业率从77.5%上升到81.3%，非正规就业的比例从14.7%增长到20.6%。[①] 分析表1–1的数据，可以发现：虽然初次就业率有所提升，但是由于毕业生总数的增加，使得毕业时没有落实工作单位的大学毕业生从57万增加到110万，非正规就业的大学毕业生从37万增加到115万。如果从户籍所在地与就业所在地的角度来看，其中有相当数量的未落实就业单位的毕业生和非正规就业的毕业生都会加入到流动人口的行列，如果这部分大学毕业生流动到北京，就成为“北漂”大学毕业生。

表1–1 2004—2008年全国高校毕业生就业情况统计表

年份	毕业生数量（万人）	初级就业率（%）	非正规就业比例（%）	毕业时非正规就业人数（万人）
2004	255	77.5	14.7	37
2005	325	72.8	15.3	49
2006	407	78.8	20.7	84
2007	487	78.1	18.2	88
2008	559	81.3	20.6	115

数据来源：《全国高校毕业生就业“状况”（2004—2008）》

对于高校扩招与毕业生就业难之间的关系，有两种完全不同的观点。一种观点认为高校扩招导致了毕业生就业难。余华义认为：高校扩招意味着取得大学文凭的成本下降，将毕业生整体学历层次向上平移，使过去要求专科的岗位变成要求本科，过去要求本科的岗位变成要求研究生，并且出现大量无法就业的毕业生。[②] 吴要武采取自然实验的方式，评估了扩招对大学毕业生市场表现的影响，研究结果发现：扩招的确给大学新毕业生的就业带来了困难，主要表现在劳动参与率下降、失业率上升、小时工资下降。[③] 文东茅对

① 全国高等学校学生信息咨询与就业指导中心、北京大学教育学院编著：《全国高校毕业生就业状况（2004—2008）》，北京大学出版社2009年第1版，第33—83页。

② 余华义：《高校扩招、毕业生就业难与“人才高消费”》，载《社会科学研究》2006年第3期，第47—52页。

③ 吴要武：《高校扩招与大学毕业生就业》，载《经济研究》2010年第9期，第93—108页。

本专科毕业生学历匹配状况的研究发现：与1998年相比，2003年的毕业生中认为自己的学历层次与工作要求相匹配的比例由68.2%下降到63.1%；认为自己存在过度教育现象的比例由16.6%上升到19.5%。[①]因此，高校扩招在导致毕业生就业难的同时，还带来了用人单位“人才高消费”现象，不仅客观上造成了人才资源的浪费，而且就业市场上“供给”和“需求”两头挤压，导致就业市场分割现象日益严重，把更多的毕业生推向工作不稳定、收入低、工作条件和福利待遇差的次劳动力市场。李具恒认为：高校扩招和我国城市劳动力市场的多重分割使得在次劳动力市场上就业的大学毕业生不断增多，我国大学毕业生供给数量的增加也导致进入主劳动力市场的壁垒和成本增加，大学生进入主劳动力市场的难度越来越大。[②]劳动力市场分割理论认为：次劳动力市场主要是由小企业、小公司提供的就业岗位，因此，在次劳动力市场上就业的大学毕业生多采取非正规就业的形式，在北京就属于“北漂”大学毕业生。

另一种观点认为大学生就业难与高校扩招没有必然联系。蔡昉认为，“大学生就业”这个概念其实可以转换成青年就业问题，青年就业是一个普遍现象，世界各国都有，而且发达国家的就业难题也主要是青年就业。之所以要把大学生就业难题转换成青年就业问题，就是不能把大学扩招与就业难划等号。1999年起的大学扩招，其实是有通盘考虑的，就是想借此整体提高我国的国民教育水平和人力资本水平，借助教育发展拉动需求，同时使当时准备要进入劳动力市场的人再延缓几年进入，减轻就业压力。大学扩招的效果很快显现，高校的毛入学率大幅度提高，整体教育发展水平迈上一个台阶。某种程度上，扩招还成为熨平高失业率的一剂药方。[③]顾海良认为，高校扩招并没有增加劳动力供给总量，这些学生不上大学，同样需要就业。所以扩大招生规模，对劳动力供给方面不起什么作用，只是改变了劳动力的结构，使

---

① 文东茅：《我国高校扩招对毕业生就业影响的实证分析》，载《高等教育研究》2005年第4期，第25—30页。

② 李具恒：《多维劳动力市场分割、大学生就业流动与就业空间拓展》，载《西北人口》2012年第6期，第84—88页。

③ 《大学生就业难不是扩招惹的祸》，新华网，2009年3月8日。

层次较高的劳动力数量有所增加。所以在这种情况下，扩招与否和劳动力就业形势没有直接的关系。[①] 王祖温认为：大学生就业难应该与高校扩招没有必然联系，大学毕业生的数量占中国总人口的比例还是比较低的，之所以造成现在这种状况，首先不能跟高校扩招联系起来，社会上应该有这个共识。[②] 北京大学人力资源开发与管理研究中心发布的《2008 中国人力资源服务业白皮书》指出：高校扩招只是大学生就业难的表面原因，除了经济形势严峻及地域间、企业间供需不平衡等结构性就业问题外，我国现阶段的人才市场缺位、高校学科设置与市场脱节、大学生择业观的偏差等因素也造成了大学生就业难。

无论如何，但是高校毕业生数量的大幅增加、非正规就业比例的提升，最终会导致高校毕业生的就业流动性增加，高校毕业生在次劳动力市场上就业比例增加。对于北京而言，高校毕业生的就业流动性增加，会导致“北漂”大学毕业生数量的上升。

（三）北京高校是“吸铁石”

北京地区高校由于其区位优势和高等教育资源优势，是许多考生和家长填报高考志愿时的首选，许多考生和家长宁可放弃生源省份或者京外地区的好学校不上，降低对学校、专业的要求，也要来北京上大学。这点可以从北京各个层次高校在京外各省（自治区、直辖市）的高考录取分数线得到印证。从北京地区高校历年招生数据来看，二本院校京外录取分数线一般都在当地一本线左右，三本院校京外录取分数线一般都在当地二本线左右，高职院校京外录取分数线一般都在当地三本线左右。从家长的角度来看，许多家长把孩子送到北京上学，就是希望孩子毕业以后能够“留”在北京、在北京工作，也就是说有相当数量的非北京生源学生从入学开始就有在京就业的意愿。再加上在北京上大学的过程中逐步对北京在情感上产生依恋，进一步强化了他们留在北京就业的主观意愿。

---

① 《武大校长称就业难与高校扩招无直接关系》，人民网，2009 年 3 月 4 日。

② 王祖温：《大学生就业难与大学扩招无必然联系》，人民网，2009 年 3 月 9 日。

北京地区普通高校在校生数量持续增长，而北京地区考生的数量持续下降，也就意味着北京地区普通高校中非北京生源学生的数量大幅增加，北京地区高校毕业生在京就业的意愿又非常强烈，但是符合非北京生源毕业生进京政策并在京解决户档关系的工作的数量极其有限，大量有在京就业意愿的大学毕业生，最终加入了“北漂”的行列。北京市教委的统计数据显示：2000 年北京地区高校共有毕业生 6.5 万人，其中研究生 1.3 万人，本科生 4.2 万人，专科生 1 万人；2012 年北京地区高校共有毕业生 22 万人，研究生 6.6 万人，本科生 11.3 万人，专科生 4.1 万人，十年左右时间，北京地区高校年毕业生人数增长了近 16 万。2006 年以来，北京地区高考录取人数呈下降趋势，这也就意味着北京高校毕业生中的增量部分都来源于外省（自治区、直辖市）。北京市教育考试院数据显示：2008 年、2009 年北京高考招生录取人数分别为 7.8 万和 7.95 万；北京高校毕业生就业指导中心的调查显示：2012 年京外生源毕业生有 66.3% 期望首选在北京就业，最终有 53.3% 落实在京就业。根据以上数据推算 2012 年北京地区普通高校毕业生中有 7 万左右的非北京生源本、专科毕业生，加上研究生，7 万中共有近 6 万左右在北京实现就业，而其中能够按照进京政策在中央单位和北京市单位解决户口的也就 3 万人左右，其中相当数量的都是硕士研究生和博士研究生，其他在北京就业的绝大多数非北京生源毕业生都成为“北漂”。其实，以上就业数据只是官方统计数据，实际的“北漂”数量比此数还要多。

另外，北京地区还有大量民办、成人高等教育机构从事高等学历教育，这类高校不在“引进非北京生源毕业生毕业学校范围”之内，其生源绝大多数都是非北京生源毕业生，因此，这些高校的毕业生如果在京就业，就会成为“北漂”大学毕业生。根据北京市教委的统计数据，2012 年北京地区有民办普通高校 15 所，毕业生 2.2 万人；成人高等学校 19 所，毕业生 9.5 万人；其他高等教育机构 69 所；各类高等教育机构的网络本、专科毕业生 15 万人，其中也会有相当数量的毕业生加入“北漂”大学毕业生的队伍。

（四）进京政策是“过滤网”

北京市对于高校毕业生的引进，设置了各种条件，这些条件主要体现在每年发布的“引进非北京生源毕业生毕业学校范围”“引进非北京生源毕业生紧缺专业目录”以及“北京市单位接收毕业生进京的原则和条件”等。从“北京市2002年引进非北京生源毕业生毕业学校范围”来看，全国共有288所高校入围，占当年全国高校的五分之一左右，而且全部是公办本科高校，其中北京49所、天津8所、河北8所、辽宁23所、吉林9所、黑龙江8所，这也就意味着全国只有少部分高校的毕业生有资格根据政策办理进京手续，在北京实现正规就业。从“北京市2012年引进非北京生源毕业生紧缺专业目录”来看，2012年只有在北京市划定的毕业学校范围内的“计算机科学与技术、机械及自动化、电子科学与技术、市场营销、临床医学、通信与信息系统、生物制药工程、化学化工类、材料学、建筑工程、护理学、会计学”等12个专业的毕业生有资格进京。2005年，北京市单位接收毕业生进京的原则和条件为：“按照学用一致、专业对口的原则，接收非北京生源毕业研究生和获得省部级荣誉称号的本科毕业生，接收本科毕业生主要为国家重点大学的应届毕业生，且专业为北京市重点工程、支柱产业、高新技术产业、艰苦行业急需的紧缺专业。”2013年，北京市出台了一项新的落户政策，新政策要求：应届毕业本科生不超过24岁、硕士生不超过27岁、博士生不超过35岁，超过这个年龄限制的非北京生源毕业生，将不能够“留京”或“进京”。

另外，非北京生源毕业生进京每年还有指标限制，北京市人事局对高校的控制指标为非北京生源毕业生（除去考研、出国人数）总数的25%，对于毕业生的用人单位来讲，也有进京指标限制。十多年以前，非北京生源毕业生要在北京实现正规就业，既要有学校给的留京指标，又要找到有进京指标的用人单位。近年来，由于北京市对用人单位进京指标的收紧，每年市属单位的指标大概在9000个左右，所以高校的进京指标每年都会有富裕。虽然非北京生源毕业生就业没有留京指标的限制，但是进京指标的收紧，使得非北京生源本科以上毕业生进京的难度比以前还要大。

以上种种条件主要从以下三个方面对非北京生源毕业生进京提出了限制。一是对学历的限制，必须是本科以上，而且本科毕业生还要求是国家重点大学、紧缺专业、获得省部级以上荣誉的应届毕业生。对于非北京生源本科毕业生，目前只有郊区的北京市属单位可以接收，而且比例只占郊区进京指标的 15% 左右，城六区的北京市属单位已经不能接收本科毕业生。这也意味着非北京生源专科毕业生不可能按照相应引进人才政策进京。二是对学校和专业的限制，所有毕业生必须在引进非北京生源毕业生毕业学校的范围内，所有本科毕业生必须在紧缺专业目录的范围内，这也意味着超出这两个范围的非北京生源毕业生没有办理进京的资格。三是对年龄的限制，对不同学历毕业生年龄的上限提出了明确要求，意味着超过年龄限制的非北京生源毕业生，将不能留京或者进京。年龄的限制不仅增加了应届毕业生进京的难度，而且也增加了“北漂”大学毕业生通过学历提升来结束“北漂”状态的难度。尤其是对于来自弱势家庭背景的“北漂”大学毕业生，他们通常需要工作若干年后，有了一定的经济积累，考研和读研期间的生活费、学费等有保障才可能考研，而研究生毕业后年龄一般都会超过上限要求。

非北京生源毕业生进京还有另外两个通道，一个是中央单位接收应届毕业生进京，一个是中关村科技园区内的高新技术企业接收应届毕业生进京。前者的政策为“用人单位所需毕业生，应尽量在北京生源内挑选。接收非北京生源的毕业生，要从严控制”，后者的政策为“接收北京地区普通高等学校和科研机构非北京生源的获得学士及学士以上学位的应届毕业生，不做数量上的限制”。这两个通道的进京政策虽然没有学历、专业、高校的限制，但是从表述中可以看出，京外高校非北京生源毕业生进入在京中央单位就业，或者中关村科技园区内的高新技术企业就业，难度都要比北京生源毕业生大，而且控制相对比较严格。

不仅北京市应届毕业生进京政策抬高了非北京生源毕业生进京的门槛，而且就业市场上用人单位的门槛也抬高了，其中有相当数量的单位都要求硕士研究生以上学历，这也给非北京生源本科毕业生进京增加了难度。虽然北京市对非北京生源毕业生进京从学历、学校、专业、年龄等方面设置了许多限制条件，而且进京指标的控制越来越严格，用人单位的门槛也抬高了，但是这些并没有挡住非北京生源毕业生到北京追求自己人生梦想的热情。北京作为我国的政治、经济、文化、科教和国际交往中心，是对高校毕业生人才吸引力最大的五个城市之一。麦可思“中国 2008~2010 届大学毕业生社会需求与培养质量调查”显示：北京对本科毕业生人才吸引力指数为 69.9%，位列深圳、上海之后；北京对高职高专毕业生人才吸引力指数为77.7%，位列首位。[①] 马莉萍利用全国高校毕业生就业调查数据建立计量回归模型发现：在北京限制人口规模及收紧户口政策的背景下，虽然非京籍高校毕业生在京就业人数的增速在放缓，但是北京积分落户政策的推行，毕业生对长期落户的预期会增加，将进一步对大学毕业生选择“北漂”产生重要影响。[②] 现实中，应届毕业生落户政策对正规就业的非京籍大学毕业生有一定影响，对非正规就业的非京籍大学毕业生的影响是有限的，而且积分落户新政从一定程度上讲会激发更多的大学毕业生选择“北漂”。一方面是高校毕业生流动到北京就业热情的持续高涨，另一方面是进京的门槛逐步抬高、难度逐步加大，最终导致“北漂”大学毕业生的大量出现。

二、“北漂”大学毕业生的构成

“北漂”大学毕业生因毕业高校的地域、学历层次、在京状态、收入水平等方面的差异，使得“北漂”大学毕业生按照不同的标准有不同的类别。

（一）以毕业高校所在地域为标准，分为京内高校“北漂”和京外高校“北漂”

以北京为地域界限，可以把国内高校分为京内高校和京外高校，相对应地就会出现毕业于京内高校的“北漂”毕业生和毕业于京外高校的“北漂”毕业生。对于大学毕业生来讲，北京较多的就业机会、较高的收入水平、较好的社会环境，对无论是京内高校还是京外高校的毕业生都很有吸引力。但是对于北京高校的京外生源毕业生而言，由于有在北京学习、生活的经历，在北京就业成为许多毕业生的首选，毕业时就会“漂”在北京工作，甚至有部分毕业生在京外工作一段时间后又重新返回北京工作。京外高校的非北京

---

① 麦可思研究院编：《2011年中国大学生就业报告》，社会科学文献出版社2011年第1版，第260—261页。

② 马莉萍：《逃离还是北漂？——高校毕业生落户北京政策与毕业生的就业选择》，载《教育与经济》2015年第3期，第23—30页。

生源毕业生而言，由于北京市对生源地、毕业高校都在京外的“双外”毕业生的限制要多于京内高校的毕业生，加之地缘和情感因素，某种程度上都降低了京外高校毕业生到北京寻找就业机会的可能性，因此，与京外高校“北漂”相比，京内高校“北漂”是“北漂”大学毕业生的主体。北京高校毕业生就业指导中心关于 2011 届、2012 届北京高校毕业生就业状况的调查显示：两届北京高校京外生源毕业生中，期望首选北京就业的占比分别为 64.2% 和 66.3%，最终实现在京就业的占比分别为 50.1% 和 53.3%。从中可以看出，北京高校京外生源毕业生无论是在京就业意愿还是最终在京实现就业的比例，都超过了在京高校京外生源总数的一半。麦可思研究院《2007 届中国大学毕业生求职和工作能力调查》显示：北京 2007 届大学毕业生整体流入率为 97.5%，整体流出率 26.7%，整体净流入率为 70.8%。这一数据显示：北京是北京高校毕业生就业的一个重要流入地。

（二）以毕业高校的类别为标准，分为公办高校（科研机构）“北漂”和民办成人高校“北漂”

根据北京市教委“学年度北京教育事业发展统计”的分类，北京高等教育分为四类：一是研究生培养机构，包括高等学校、科研机构；二是普通高等学校，包括中央部委属高校和市属高校，市属高校又分公办高校和民办高校；三是成人高校；四是民办的其他高等教育机构。民办高校、成人高校和其他民办高等教育机构因为也承担着本、专科学历教育的任务，每年各类学历教育毕业生的总数超过了普通高等学校毕业生的总数，但是这类高校的毕业生都不具有进京资格，因此，也成为“北漂”大学毕业生群体的一个重要来源。公办高校（科研机构）的毕业生与民办、成人高校毕业生相比较，自我定位相对较高，就业竞争力较强，在北京搜寻就业机会的愿望更强烈，而民办、成人高校的京外生源毕业生一般都倾向于回生源地就业，因此，公办高校（科研机构）“北漂”大学毕业生的比例要高于民办、成人高校“北漂”的比例。

（三）以在京状态为标准，分为就业“北漂”和未就业“北漂”

“北漂”大学毕业生在北京的状态包括学习、就业和创业等，就业“北漂”就是在北京找到了工作，实现了就业的“北漂”，未就业“北漂”指的是漂在北京学习备考、找工作、创业的毕业生。未就业“北漂”大学毕业生主要包括六类：一是学习备考族，指在京准备研究生、公务员、专业资格考试的京外生源毕业生，他们在京处于学习状态；二是求职面试族，指大学毕业时没有找到满意的工作，在京或来京寻找就业机会，参加用人单位面试的京外生源毕业生，他们在京处于待业状态；三是准备出国族，指大学毕业后准备出国留学或者工作，参加各类考试或者等待签证的京外生源毕业生；四是啃老族，指家庭经济条件优越、不急于工作或者不想找工作的京外生源毕业生；五是创业族，指有创业意愿，准备创业或者正在创业过程中的京外生源毕业生；六是结业族，指大学毕业时没有拿到毕业证、学位证，需要继续修读相关课程的北京高校京外生源毕业生。“未就业漂族”虽然都已经大学毕业，但是一般都继续留在母校或者其他高校周围，在高校蹭教室、蹭课、蹭食堂，因此，这类“北漂”大学毕业生也被称为“校漂族”。根据一项针对北京、上海、广州、武汉等地的10所重点和普通高校110个毕业班所做的调查统计，重点高校的“校漂族”约占毕业生总数的5%，普通高校的“校漂族”约占毕业生总数的10%。[①] 有专家推测，在北京、广州、郑州等地的高校周围，“校漂族”已达数十万人。以“校漂族”为代表的未就业“北漂”，只能算是“北漂”大学毕业生的一种短暂、临时的状态，从长远来看，这类毕业生中的绝大多数都要上学、就业、出国或者创业成功，而且最终都要实现就业。因此，无论是从当下状态还是长远来看，就业“北漂”始终是“北漂”大学毕业生的主体。

（四）以收入水平高低为标准，分为低收入“北漂”和非低收入“北漂”

收入水平是反映“北漂”大学毕业生在京生活状况的一个重要经济指标，现在政府和学界划分低收入群体，一般都是以平均月薪为参照标准。因此，以同届毕业生全市平均月薪为衡量标准，低于这一标准的“北漂”大学毕业生就属于低收入“北漂”，高于这一标准的“北漂”大学毕业生就属于非低

---

① 《等待突围的校漂族》，载《新京报》2010年4月12日。

收入“北漂”。低收入“北漂”基本上是以“蚁族”为代表的就业弱势群体。麦可思研究院“2011届大学毕业生社会需求与培养质量调查”结果显示：在泛渤海湾地区就业的毕业生，处于低收入状态的毕业生占就业毕业生总数的比例为11.2%，而且这些低收入就业漂族大学毕业生的家乡，绝大多数都是在地级及以下城市或者农村，他们中的绝大多数人都来自于农民与农民工家庭。廉思2009年关于“蚁族”的调研结果也显示：“蚁族”中接受过本科以上教育的比例为33.5%，月薪2500元以下的“蚁族”占调查对象的比例高达74.7%。以上两组数据说明，低收入“北漂”在“北漂”大学毕业生中占有一定比例，尤其是在“蚁族”群体中占比更高，这也从一定程度上说明低收入“北漂”在北京工作、生活是很艰辛的。虽然低收入“北漂”不是“北漂”大学毕业生的主体，但是他们“漂”在北京的生活状态以及思想动态需要高度关注，这部分人引导好了，可以成为建设首都的一支重要力量，如果引导不好，很有可能影响到首都的安全稳定。

（五）以学历层次为标准，分为专科、本科和研究生三类“北漂”

学历是大学毕业生人力资本的一个重要体现，不同人力资本的大学毕业生在北京寻找就业机会的难度和发展的状况是有一定差异的，因而不同学历的大学毕业生“漂”在北京的意愿的强烈程度也是不一样的，在北京实现就业的难易程度也是不一样的。因此，按照学历层次来划分，随着学历层次升高，“北漂”大学毕业生的绝对数量应该在下降，这一方面与我国高等教育各学历层次毕业生的数量结构有关系，另一方面也与各学历层次毕业生在京找到解决户档关系工作的政策宽松程度有关。《全国高校毕业生就业状况（2004—2008）》显示：2004—2008年，无论哪个学历层次的毕业生，在东部地区就业的学生比例都是最高的，学历层次较高的毕业生在京津沪地区就业的比例高，学历层次较低的毕业生在中西部地区就业的比例相对较高。①《中国流动人口发展报告（2013）》显示：从绝对数量上讲，2012年新生代流动

① 全国高等学校学生信息咨询与就业指导中心编：《全国高校毕业生就业状况（2004—2008）》，北京大学出版社2009年版，第78页。

人口中，大专、本科和研究生学历的人数分别为715万、344万和28万。[①]从全国的数据来推断，“北漂”大学毕业生以专科、本科学历为主体，研究生数量相对较少。

另外，关于“北漂”大学毕业生，还会有其他一些分类。如按照工作性质不同，可以分为投资者、务工者、文艺工作者等；按照国籍，有了“洋北漂”的概念。总的来看，无论怎么分类，“北漂”大学毕业生还是以就业“北漂”、京内高校“北漂”、非低收入“北漂”、本科“北漂”为主体。

第三节 研究对象的界定

通过以上对“北漂”大学毕业生的概念、构成、特征以及产生原因的分析，可以发现“北漂”大学毕业生是一个很复杂的群体。为了方便研究，本文所研究的“北漂”特指国民教育系列本科以上学历、工作3年以上15年以下、有中华人民共和国国籍的大学毕业生。

一、学历限定

之所以要对“北漂”的学历进行限定，主要有三方面的考虑。一是“北漂”中的专科毕业生和非国民教育系列本科毕业生的构成比较复杂，从学校类型上看，既有普通高校毕业的，也有成人高校毕业的；既有公办高校毕业的，也有民办高校毕业的。从学历类型上看，包括了统招、函授、自学考试、网络教育、广播电视大学、党校等六大类别，其中国家承认学历、电子注册的只有统招、函授、自学考试、网络教育、广播电视大学五类。上述类别过于繁杂，不仅不好制定选择访谈对象的标准，而且若要兼顾每个类别的话，

---

① 国家卫生与计划生育委员会编：《中国流动人口发展报告（2013）》，中国人口出版社2013年版，第8页。

访谈的量也会很大。

二是专科毕业生和非国民教育系列本科毕业生主要从事的是技能型、服务型的工作，收入水平也相对较低，在"蚁族"、"低就业群体"和"低收入漂族"中占比相对都高于本科。廉思《蚁族调研报告》显示：受访对象中，"蚁族"中国民教育系列硕士以上毕业生的比例为1.6%，本科毕业生的比例为31.9%，专科及非国民教育系列本科毕业生的比例为66.5%。[①]《2012年中国大学生就业报告》显示：2011届高职高专院校毕业生中处于低就业状态的比例为14.6%，而本科院校毕业生处于低就业状态的比例为13.3%。[②]现有对"蚁族"、"低就业群体"和"低收入漂族"的研究相对比较多。本研究的重心将放在过去学界关注较少的本科以上的"北漂"大学毕业生。

三是专科毕业生和非国民教育系列本科毕业生都不在北京市"引进非北京生源毕业生"的范围，他们不可能享受应届毕业生进京政策，在北京解决户档关系。因此，在这类群体中，不能开展"北漂"大学毕业生与在京解决了户档关系同学之间的比较研究，不利于形成对这类"北漂"大学毕业生群体的全面认知。

二、工作年限

工作年限限定在三年以上，一方面可以把以"校漂族"为代表的未就业"北漂"排除在外，因为这个群体的状态具有临时性、过渡性等特点，不具有普遍性；另一方面可以把工作三年以下的"北漂"排除在外，因为三年内属于大学毕业生跳槽比较频繁的时期，毕业三年以后，大学生的职业生涯规划会相对明晰，工作就会相对稳定。人力资源的有关研究认为：两至三年是企业人力资源管理部门可接受的较为合理的跳槽周期，毕业三年既是跳槽的高

---

① 廉思：《蚁族——大学毕业生聚居村实录》，广西师范大学出版社2009年版，第64—65页。

② 麦可思研究院编：《2012年中国大学生就业报告》，社会科学文献出版社2012年版，第255页。

峰期也是跳槽的黄金期，因为经过三年的职场锤炼，大学毕业生足以成为一名合格的职业人士。《北京人才市场报》报道：2005 年 6 月，北京市 96 家用人单位的统计显示，毕业生毕业后三年内跳槽率达到 70%。[①]《烟台日报》报道：50% 的大学毕业生毕业后一年内有过跳槽行为。[②]《2011 年中国大学生就业报告》显示：2007 届大学毕业生毕业三年内，平均为 2.3 个雇主工作过，有 69% 的人发生过离职，离职过的毕业生中有 99% 属于主动离职。[③] 另外，毕业三年内的“北漂”，处于职业发展的起步阶段，其代表群体主要是“蚁族”“校漂族”，这些群体的研究成果也比较多。

工作年限限定在 15 年以下，是因为经过十多年的发展，“北漂”大学毕业生已经进入了职业发展的分化期，有部分人在职业领域内越走越高，进入单位的高级管理层，或者自主创业取得一定成就，对于“北漂”中的这部分成功人士来说，他们在北京有一定的社会地位和较好的经济条件，“漂”在北京的感觉会淡化，与有北京户口的外来人甚至是北京本地人相比，他们也会有一定的优越感。因此，这部分成功人士一般也不再会认为自己是“北漂”。有部分人在北京没有什么太大发展，或者遇到职业发展的瓶颈，则有可能会逃离北京，对于“北漂”中的这部分发展平平的人或者“失败者”，即使在北京坚守着，“北漂”对他们来讲始终会是心里的痛，他们也不情愿讲述自己的感受。因此，工作十五年以上的“北漂”大学毕业生，约访比较困难，不好开展研究。

三、国籍限定

国籍限定为中国国籍，不考虑在京工作的外国人。随着中国尤其是北京投资环境的不断改善，越来越多的外国人来北京就业。根据北京市人力资源

---

① 《大学生 3 年内跳槽率达七成》，载《北京人才市场报》2005 年 7 月 4 日。

② 姬毫：《大学生就业年内跳槽过半》，载《烟台日报》2009 年 11 月 29 日。

③ 麦可思研究院编：《2011 年中国大学生就业报告》，社会科学文献出版社 2011 年版，第 218—231 页。

与社会保障局提供的数据：截止到 2012 年 6 月底，外籍人员在京就业人数为 3.1 万人，国籍分布超过 100 个国家，就业岗位多为管理、技术、投资等。根据北京市公安局提供的数据，截止到 2012 年 5 月，有 721 名外国公民取得了在中国的永久居留资格。[①] 如果把外国人“在中国永久居留资格”作为北京户口来看待的话，根据以上两组数据推算，北京有超过 3 万的“洋北漂”，由于国籍分布范围广，不同国家文化的差异大，对流动人口的理解也有很大差异，因此，不好按照我们对流动人口的理解对他们进行访谈，进而对访谈的资料进行处理。所以，从趋势上来看，虽然“洋北漂”群体的数量在逐渐增加，但是因为文化差异大、语言沟通难，不好对该群体进行研究。

“北漂”大学毕业生选择范围的界定，为访谈对象的选择奠定了基础。本研究的所有约访对象和访谈对象，都是根据以上对“北漂”大学毕业生的界定，按照学历、年龄、生源地及其结构等进行选择的。但是由于访谈中涉及个人隐私、个人思想变化、个人成长的感受，不同的人对访谈的态度也不同，对于在北京发展顺利、小有成就的“北漂”大学毕业生来说，相对比较愿意讲述自己“北漂”的经历，不仅约谈顺利，而且访谈时也很容易打开话匣子，收集的资料相对比较丰富。而发展不太如意的“北漂”大学毕业生，就不太愿意讲述自己的经历，有的人甚至觉得“北漂”是自己成长中的“痛”，不乐意揭此伤疤。所以，在约谈过程中出现约谈“失败”的现象，先后约了近 40 人，最终约谈成功 24 人。成功约谈的人，有的讲述比较详细，有的讲述就比较简略。

---

① 代丽丽：《北京“洋北漂”3.1 万人》，载《北京晚报》2012 年 7 月 26 日。

第二章　梦想与“北漂”

大学毕业生选择“漂”在北京，按照需要层次理论和理性选择理论，是大学毕业生根据毕业时的个人支配性需要，权衡各方面因素后做出的最优选择。按照有限理性理论，这种选择也是一种最为满意的选择。从“北漂”大学毕业生群体的角度看，“北漂”的思想动机具体分析见图 2–1，从图 3–1 可以看出：个人支配性需要、个人拥有的社会资本以及北京良好的就业环境是影响大学毕业生选择“漂”在北京的主要因素，从长远来看，就是为了个人发展，实现人生的梦想，属于典型的发展型流动人口。

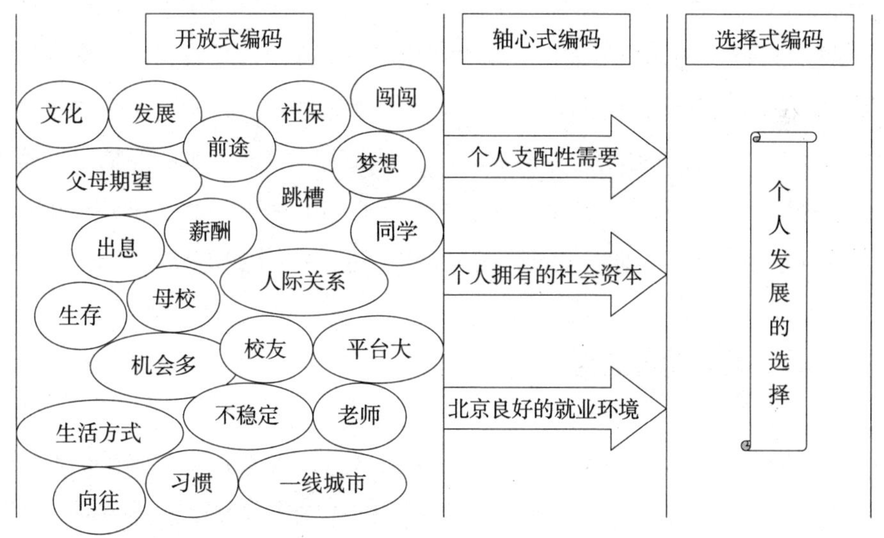

图 2–1　“北漂”的思想动机示意图

从“北漂”大学毕业生群体内部的不同类别或者个体角度来分析，选择“北漂”的思想动机会出现一些差别，尤其是京内高校毕业生和京外高校毕业生因为就学地的不同会出现一些差异，不同家庭背景的大学毕业生因为家庭社会资本的差异也会出现一些差异。

第一节　需要与选择

美国心理学家亚伯拉罕·哈罗德·马斯洛（Abraham Harold Maslow）在《人类动机的理论》一书中提出了“需要层次理论”，将人的基本需要分为：生理需要、安全需要、情感需要、尊重需要和自我实现需要五个层次，其中生理需要、安全需要、情感需要属于低层次的需要，一般情况下通过外部条件就可以得到满足；尊重需要和自我实现需要属于高层次的需要，一般情况下要通过内部因素才可以得到满足。[①] 马斯洛认为人的五个层次需要按层级提升，低层次的需要满足后，高一层次的需要才会出现，在同一时期多个需要并存时，总有一种需要占支配地位，对人的行为起决定性作用。根据马斯洛的需要层次理论，“北漂”大学毕业生在做就业选择时，也应当是根据自己的需要尤其是占支配地位的需要做出决策的，因为对于“北漂”大学毕业生来说，就业的目的归根到底就是为了满足自己人生的需要，即最终是为了满足自我实现的需要，但是“北漂”大学生在毕业找工作时，个体在支配性需要方面会有一些差异，因此，支配性需要会影响他们的就业选择。

一、生理需要与选择

生理需要是人最低的、最基本的、最具优势的需求，这一需要是维持人自身生存和发展的最基本、最必要的条件，在生理需要得不到满足时，其他一切需要都不会被提及。在生理需要中，对于“北漂”大学毕业生来说，最主要的就是自己的生存需要，因此，生存需要是推动“北漂”大学毕业生做

---

① 《马斯洛人本哲学》，成明译，九州出版社 2003 年版，第 4—50 页。

出就业选择行为的最强大动力。“北漂”大学毕业生在毕业时首先要解决的是自己的生存问题。作为成年人，父母供养的阶段将随着大学毕业而结束，“北漂”大学毕业生需要自食其力，需要通过就业满足自己的基本生存需要，只有在维持生存的基础上，才能不断改善自己的生活质量。

生存需要对不同家庭背景的“北漂”大学毕业生就业选择的影响程度是不同的。对于家庭背景强势的大学毕业生来说，生存需要的影响不是太大，在就业选择时不会过多地考虑工资、待遇等，会更多考虑未来的发展机会和发展平台。当然，家庭背景强势的大学毕业生在毕业时通过家里的各种社会关系，会在主要劳动力市场获得不错的就业机会，无论是待遇还是发展平台，相对都比较好，这也是他们不会根据生存需要做出就业决策的重要原因。对于生源地为城市、家庭经济条件较好的“北漂”大学毕业生，部分人可能没有在主要劳动力市场上获得正规就业的机会，但是他们毕业后也能从家庭继续获得经济上的支持，不用为经济问题发愁，在就业选择的过程中，生存需要不是他们占主导地位的需要，他们也会倾向于根据未来发展的需要来做出就业决策。而对于生源地为农村、家庭经济条件不好的“北漂”大学毕业生，毕业就意味着“断奶”，生存需要就成为他们做出就业选择时的第一需要，他们必须通过就业解决自己的生存问题，有的人甚至还要省吃俭用接济家里。

LS女士的家庭背景很好，毕业时主要考虑发展前景。

我毕业找工作时，没有考虑太多薪酬的问题，当时想着只要过得去就行，关键是要有发展前途，工作我也喜欢就行。之所以不会过多地考虑工资、待遇，是因为在家里我是独女，我爸在银行工作，我妈在学校工作，他们俩的收入都还可以，老家那边的消费水平也不高，我不用为家里操心，我只要管住自己就行。可以说，从小到大我就没有缺过钱，我合理的需求，爸爸妈妈都会满足我。工作以后，我的工资基本上都是月光，时不时地爸妈还会给我点钱花，尤其是过节回家时，他们都会给我带钱回来，他们最怕我在北京受苦。

来自农村的ZW先生的家庭条件比较差，找工作时必须首先考虑基本需要。

> 我毕业找工作时，除了看好北京的就业机会多、发展平台大之外，当时眼前最实际的就是要养活自己。父母辛辛苦苦在地里劳动，节俭着供我上学，四年下来，不仅花完了家里的钱，而且我还有助学贷款需要还。毕竟毕业了，不好意思从家里再要钱了，再说家里也没有钱。所以，我当时很在乎能够挣多少钱，也根据北京的消费情况，测算了一个可以接受的最低工资标准，选就业单位的标准就是根据这种心理预期，选工资水平最高的。毕业那年有好几个单位有录用我的意向，其中也有深圳和广州那一带的单位，我最终选了一个工资最高的北京单位，就这在北京，当时的工资就是够糊口，租房也只能和别人合租个平房，一个月300多块，离单位很远，单位附近的楼房，条件是好，也近，但是租金得占我工资的三分之一，哪舍得啊！宁愿自己辛苦点，也不能瞎花钱、花冤枉钱，再说自己心里也过不去。

在“北漂”大学毕业生中，从家庭背景来看，来自农村的毕业生占有一定比例，这部分毕业生在就业时，虽然心中和其他大学毕业生一样，都有在北京实现自我价值的强烈需要，但是迫于自身生存的压力，在选择工作的过程中不得不考虑工资、福利待遇等经济因素。所以，生理需要是家庭背景弱势的“北漂”大学毕业生毕业时的主导需要，他们要在尽可能短的时间内花费尽可能低的就业成本。他们不可能像家庭背景较好的毕业生那样找到、找不到工作都无所谓，毕业后可以接着找，实在不行也可以“啃老”。

按照马斯洛的需要层次理论，在大学生就业形势日益严峻的情况下，大学毕业生“先就业、再择业”现象的出现，就是在高层次需要无法实现的情况下，不得不放弃不贴合现实的高层次需要，转而去满足较低层次的需要，因为低层次的需要是必要条件，是必须要满足的。大学毕业生“先就业”就是要满足自己毕业后的生存需要，为了实现“先就业”，部分大学毕业生在就业选择过程中不得不降低自己对工作的要求，有的人甚至会降低对起薪水平的要求，目的就是为了能够找到一份工作，能够在毕业时实现就业，毕竟就业了就会有收入，就不用再从家里要钱了，总比毕业即失业要好。因此，“先就业、再择业”是大学毕业生在严峻的就业形势下调整自我需要的结果，是一种相对比较理性的选择。

二、安全需要与选择

安全需要同样属于低层次的需要，主要包括社会环境安全、人身财产安全、职业安全、生活有保障、工作有保障和病有所医、老有所养等内容。社会环境安全就是指一个地区的社会治安状况，社会治安状况越好，社会环境的安全系数就越高，人在这种地区的安全感就越高。人身财产安全与社会安全环境有一定的关系，社会治安好的地区，居民人身财产安全的系数就高。不同职业的危险程度是不同的，同一职业不同岗位的危险程度也是不一样的，因此，在就业选择过程中，职业类型和工作岗位是求职者考虑的重要因素。从生活、工作、就医、养老的角度来看，保障程度与地区的社会保障水平有密切的关系，社会保障水平越高，给人带来的安全感就越高。北京作为首都，社会治安状况较好，社会保障水平也较高，从安全需要的角度来看，吸引了许多大学毕业生留京或来京寻找发展机会。

从安全需要的角度来看，大学毕业生在就业选择过程中主要考虑的因素有两个：一是工作稳定程度，二是社会保障的到位程度。工作稳定程度指的是工作单位比较正规，管理比较规范，就业时与毕业生签订正式劳动合同，以劳动合同来规范用人单位和毕业生之间的行为，保护毕业生的合法权益。因此，劳动合同签订率尤其是三年以上及无固定期合同的签订率是衡量工作稳定程度的一个重要标准。从社会保障到位程度来讲，用人单位为毕业生缴纳社会保险的险种越全、缴纳的比例越高，说明社会保障的程度越高。北京市人力资源与劳动社会保障局2010年的统计数据显示，北京地区企业劳动合同签订率比新《中华人民共和国劳动合同法》颁布之前提高了两个百分点，达到96.86%，签订一年期以下劳动合同的人数比之前降低了22个百分点，其中非公有制企业劳动合同的签订率高达98.1%，非公有制企业中90%以上的员工上有养老、工伤、医疗等三险，有 87.5% 的员工上有失业保险。北京市流动人口管理办公室 2010 年 1 月发布的《关于我市流动人口规模调控问题的调研报告》显示：在以流动人口为主的个体工商户中，签订劳动合同的比例仅有 15%，参加基本养老保险的比例仅有 36%，参加基本医疗保险和事业保险的比例不足 20%，各项比例均低于全市平均水平。北京地区的企业尤其是非公有制企业是“北漂”大学毕业生主要的就业单位，因此，上述第一组数据说明：“北漂”大学毕业生在京就业的安全需求得到满足的程度较高。北京地区的个体工商户中就业的主要是进城务工的农民工，上述数据对比说明：“北漂”大学毕业生群体的工作稳定程度和社会保障水平都高于农民工群体。

LS 女士毕业后选择第一份工作，看中入职公司的管理规范性和健全的保障。

> 我毕业那年去的单位是一家在国贸的私人公司，公司规模不算大，就一百来人，但是公司的管理很规范。入职前，公司跟我签订了劳动合同，合同中就工资、保险等进行了明确约定。入职后，公司按照合同兑现了有关工资、保险等待遇方面所有的约定，给我上了“四险一金”。在那家公司，所有的人都有这些基本保障，所以大家干着觉得也踏实，而且随着入职时间的增加，职务的升高，工资也会有一定的浮动，“四险一金”也随着工资浮动而浮动，作为刚入公司的大学毕业生，看着前辈在公司的待遇变化，也就看到了自己的希望，大家都会努力干。

ZW 先生入职初期的就业身份不大正规，但工资、保险待遇等没有受到歧视。

> 我毕业时有幸进了一家国有控股的公司，公司里当年录用了七个应届大学毕业生，公司给其中三个人解决了北京户口，我和另外三个人是聘用制的合同工，在单位没有编制、没有户口。虽然没有编制，但是我

们和那三个有编制的一样，大家都签了劳动合同，在工资、保险待遇等方面没有什么区别，要说区别的话，就是签合同的期限不同，解决了户口的都签了五年以上，而且有很高的违约金。我们七个同一年进来，大家起薪都一样，缴纳保险的种类都一样，缴纳保险的额度都与工资挂钩。因此，在我们公司，刚毕业的大学生从待遇上看不出人和人的身份不同，只要你有能力，有可能比那些有编制的、解决了北京户口的大学毕业生还挣得多。我们七个人中解决了户口的都还在那家公司，现在还有一个没有解决户口的在那家公司，已经做到了部门经理，比那三个的职位高、挣得多。

在大学毕业生就业过程中，安全需要还体现在就业权益的保护上。在诸多就业权益中，最为重要的是“公平待遇权”和“违约补偿权”。在非公有制企业中，用工形式相对单一，基本上是聘用制，人和人在身份上没有什么差别，只有职务上的差别，因此，同一岗位、同一职务的大学毕业生在待遇上没有差别，也就是说待遇是与个人的能力和贡献挂钩的，是完全公平的。但是在国家机关、事业单位、部分国有企业，用工形式因身份的不同而多种多样，不同的用工形式在待遇上有很大差别，致使出现不公平的现象。以国家机关为例，有公务员身份的，有事业编制身份的，有劳务派遣的，还有聘用制的，不同用工形式的人员在工资、保险、公积金、房补、医疗等方面会有很大的差异，同一年进单位的大学毕业生因身份的不同，不仅工资有差异，而且诸如公费医疗、房补等待遇是非正式编制的人员不可能享有的。违约补偿权在新《中华人民共和国劳动合同法》实施后，有了法律的武器做保障，基本上都能按照合同约定或者《中华人民共和国劳动合同法》规定进行补偿。

三、情感需要与选择

情感需要又称为爱和归宿的需要，每个人内心都渴望得到别人的关爱、安慰、支持和帮助，这种需要往往通过社会交往，从家庭、朋友、同学、同事、单位等方面获得，现实中表现为人际关系，即亲情、友情、爱情、同学情、同事情等。在大学毕业生就业过程中，人际关系对就业选择的过程和结果发挥着重要作用，根据国际社会调查计划组织（ISSP）对 29 个国家的调查显示：就业对人际关系的依赖度平均为 45.6%。在我国这样一个讲究“人情”的社会中，就业对人际关系的依赖度会更高，这种“人际关系就业方式”的盛行体现了社会信赖度的降低，同时也对大学毕业生的人际关系能力提出了更高要求。美国著名的人际关系学大师卡耐基（Carnegie）认为：一个人的成功，15% 是靠专业知识，85% 靠人际关系。但是现实中我国大学生的人际关系能力相对比较欠缺，成为影响大学毕业生就业和职业发展的一个重要因素。中国疾病预防控制中心的调查显示：全国约有 20% 的大学生存在不同程度的心理障碍，就业、考研和人际关系，是困扰大学生的重要心病。因此，从个体的角度看，情感需要对大学生就业选择的影响主要体现在人际关系网和人际交往能力上，人际关系网越大、人际交往能力越强的大学毕业生的就业优势越明显。

大学毕业生的人际关系网就是他们所拥有的社会资本。访谈中发现，“北漂”大学毕业生选择“漂”在北京，绝大部分与他们基于“学缘”而建立的社会资本（如学校、校友、同学、老师等）有关；部分与基于“情感”而建立的社会资本（如女朋友、男朋友）有关；也有部分与基于“业缘”而建立起来的社会资本（如实习单位）有关。关于社会资本与就业选择的关系，下文详细论述，在此不再展开。

大学毕业生的人际交往能力是他们就业竞争力的重要组成部分。在现代职场中，就业竞争力不仅指专业能力，而且也包括人际交往能力。人际交往能力强的大学毕业生，对新环境的适应能力较强，能够很快建立起和谐、友好、积极、亲密的人际关系，因此，在就业选择时对用人单位的人际环境不会过于挑剔。相反，人际交往能力弱的大学毕业生，对新环境的适应能力相对也较弱，在选择用人单位时比较看重单位的软环境和工作岗位的性质，一般都乐于从事与人交往不多的工作。

性格比较内向的 LB 先生选择了一份适合自己的文案工作。

我属于那种比较内秀的人，不太会搞关系，虽然我学的是中文，但是没有像绝大多数同学那样去公司做文秘和行政之类的工作。我去了一家搞市场调查的公司，在里面做文案工作，任务是起草策划案、写调查报告，主要是和数据、文字打交道，很少和人打交道，这份工作在别人看来可能觉得很无聊，但是很适合我。

工科毕业生 GMY 先生喜欢与他人交往，毕业后做了市场营销工作。

我是典型的“人来熟”，懂不懂的都能跟人侃上几句，与陌生人不一会儿也能聊得热乎。我是学机械的，接触过的人十有八九都以为我是学文科的。毕业时，我是我们班唯一一个去做市场营销的，而且跟我所学的专业没有半拉关系。我当时认为自己特适合搞销售，就到中关村一家公司的市场部工作了，工作中不仅和同事打成一片，而且和客户的关系也很好。我认为正是因为自己能很快建立起良好的人际关系，所以能从各个方面得到很多支持，做起销售来就很得心应手。

四、尊重需要与选择

尊重需要属于高层次的需要，分为他人或单位对自己的认可和自己对自己的认可两方面，这种认可包括成就、地位、尊严、声誉、晋升机会等。“北漂”大学毕业生由于受教育程度较高，与农民工相比，他们在就业过程中越来越看重用人单位对员工的尊重，尤其是在就业选择过程中，就业压力增大导致薪酬、福利等方面的要求降低，因而“北漂”大学毕业生对尊重的需要就更加强烈。

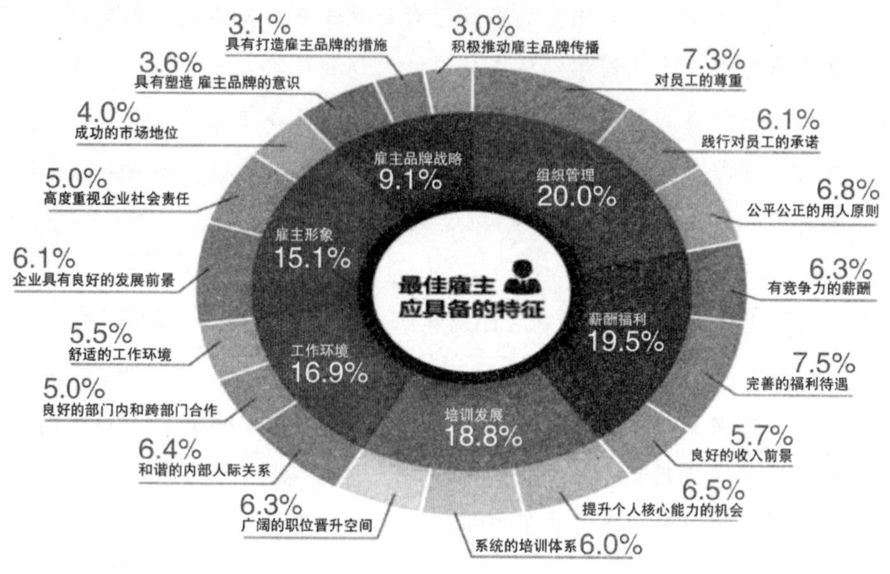

图 2-2　最佳雇主应具备的特征

智联网 / 招聘《2013 年中国年度最佳雇主》

智联招聘“2013 年中国年度最佳雇主”调查报告显示：2013 年“组织管理”以 20.6% 的投票率超越“薪酬福利”，成为大学生心目中最佳雇主的首要标准，其中“对员工的尊重”以 7.3% 的关注率成为大学生关注的重要因素。从中可以看出：大学毕业生越来越期望用人单位认知和尊重自己所发挥的作用，给予自己与所发挥作用相匹配的待遇和职位。“北漂”大学毕业生与解决了北京户口的大学毕业生相比，处于相对弱势的地位，因此更渴望在工作中得到单位的尊重，尊重自己的知识、贡献和地位。

尊重需要对大学毕业生就业选择的影响主要体现在三方面。一是用人单位对大学毕业生的评价。如果用人单位对大学毕业生的评价高，大学毕业生就有可能找到好的工作单位，获得较好的工作岗位和较高的起薪，进而有利于获得较好的社会地位，大学毕业生就会有较强的成就感；如果用人单位对大学毕业生的评价偏低，就会出现大学毕业生就业困难，按照迈克尔 · 戈特弗里德森的“职业妥协理论”[1]就会做出职业妥协：当大学毕业生面临就业压力时，他们会修正自己的职业抱负和职业选择，在个人兴趣、职业声望、价值取向和个人优势之间不断权衡，做出艰难的妥协。戈特弗里德森认为，当个体必须妥协时，首先会放弃的是个人兴趣，接着会放弃职业声望，而体现职业声望的“单位知名度、单位规模、单位级别、社会地位”等恰恰是个体在社会中赢得尊重的重要因素，所以，放弃个人兴趣和职业声望都会影响到个体从工作中获得的尊重需要。二是家庭尤其是父母对大学毕业生的期望。如果父母对大学毕业生的期望越高，那么给毕业生的压力就会越大，进而会提高大学毕业生的职业期望值。三是大学毕业生的职业期望。职业期望越高，找工作的难度就越大。对大学毕业生个体来讲，只有家庭的期望、用人单位的评价和个体的职业期望三者接近或一致时，大学毕业生才会感受到被尊重；如果三者反差越大，大学毕业生的受尊重感就会越弱。

随着高校扩招，用人单位对大学毕业生的整体评价较“精英教育”阶段有所下降，出现了一边是大学毕业生就业难、一边是用人单位招不到合适人选的现象，这种现象的出现除了与劳动力市场供需之间存在结构性矛盾有关外，还与高等教育培养人才的质量下滑和学历贬值有一定关系。共青团中央学校部和北京大学公共政策研究所 2006 年联合发布的《关于大学生求职与就业状况的调查报告》显示：受访的企业中，有 70% 以上的企业认为大学毕业生在工作中表现平平，30% 的企业表示如果招聘不到合适的毕业生，宁可将职位空着。用人单位对大学毕业生评价不高，就会出现所谓的“人才高消费”现象，迫使大学毕业生降低求职期望，这点可从大学毕业生期望月薪持续下降的现象中得到体现。北京青年压力管理服务中心发布的《2013 年中国大学生就业压力调查报告》显示：2013 年大学生期望月薪平均为 3683.6 元，比 2012 年 4592.5 元降低了近 1000 元，比 2011 年的 5537.5 元降低了近 2000 元。麦可思研究院发布的数据显示：69% 的 2011 年大学应届毕业生起薪不到 2000 元。国家统计局数据显示：2011 年农民工月均收入为 2049 元。从以

---

① 谭亚莉：《冲突、融合与成长——大学毕业生在职业生涯入口处的发展》，清华大学出版社 2013 年第 1 版，第 88—90 页。

上三组数据可以看出：大学毕业生的期望月薪持续下降，而且大学应届毕业生与农民工的起薪差距在逐渐缩小，甚至在部分地区和部分岗位上出现大学应届毕业生低于农民工起薪的现象。对于这种现象，蔡昉认为：从个体角度看，随着受教育年限的提升，其知识专用性越强，在劳动力市场上找到匹配岗位的概率就越小，这种情况造成了大学毕业生起薪很低，而同时由于用工短缺，农民工薪水有所提高，这才导致了大学毕业生起薪与农民工薪水趋同的现象。[①]大学毕业生起薪低，与就业压力增大后大学生的就业价值取向变化有关系，他们也会寻求一些工资比较低的岗位以维持毕业后的自我生存，因此在一定程度上出现大学毕业生社会地位下降、个人成就感减弱的现象。对于“北漂”大学毕业生来说，由于他们多在次劳动力市场上就业，起薪水平、社会地位会更低，个人成就感更弱。

大学毕业生的职业期望，通常会高于用人单位对大学毕业生的评价，这既与大学毕业生在付出高等教育的高成本后寻求高回报的心理有关，也与大学毕业生对严峻的就业形势不了解、过高估计自己的实力有关。大学毕业生的就业期望是诸多因素共同影响的结果。牛廷立认为，大学毕业生的就业期望受自身因素（性格、价值取向、自我评价、能力素质）、教育因素（高校、专业）、家庭因素（家庭所在地、家长）、社会因素（职业评价标准、宏观经济环境、就业政策）的影响。[②]在上述四类影响大学毕业生就业期望的因素中，自身因素属于直接影响因素，教育因素、家庭因素和社会因素属于间接影响因素。《麦可思2013年中国大学生就业报告》显示，在2011届大学毕业生中，有58%的人认为自己目前从事的工作与自己的职业期待不吻合；在2012届大学毕业生中，有56%的人认为自己目前从事的工作与自己的职业期待不吻合。在认为工作与职业期待不吻合的2012届大学毕业生中，有35%的人认为不符合自己的“职业发展规划”，21%的人认为不符合自己的“兴趣爱

① 《数据显示：中国大学生与农民工起薪差距缩小》，中国新闻网，2010年11月22日。

② 牛廷立：《大学毕业生就业期望影响因素分析》，载《人才资源开发》2010年第5期，第12—14页。

好”。[①]从中可以看出，在2011届、2012届大学毕业生中，有超过一半的毕业生就业期望偏高，导致偏高的原因是自我定位不切合实际，过于理想化。

家庭对大学毕业生的期望，主要体现在家庭所在地和家庭背景两个方面。家庭所在地为经济发达地区的大学毕业生，就业期望地一般为一线城市或生源所在省份的城市；家庭所在地为落后地区的大学毕业生，就业期望地一般为发达地区的大城市，尤其是来自落后地区农村的大学毕业生，就业期望地主要集中在发达地区或者大城市。高等教育具有促使个体实现向上流动的功能，任何家长都希望自己的子女通过接受高等教育，在大学毕业时能够找到一份好工作，家庭背景为农村尤其是落后地区农村的大学毕业生，这种愿望会更强烈，期望子女大学毕业后改变家庭的落后面貌。但是现实中由于“代际传递效应”的影响，导致高等教育社会流动功能的弱化，接受完毕优质高等教育的农村学生在主劳动力市场相对处于劣势，致使出现农村家长对大学毕业生期望过高的现象。吴克明认为，高等教育机会不均等导致社会中低阶层丧失高等教育这个促进其向上流动的重要武器，以至于继续滞留于中低阶层，出现高等教育社会流动功能弱化的现象。[②]这种弱化不仅体现在入学机会上，还体现在就业机会上，正是由于高等教育向上流动功能的弱化，才使得弱势家庭背景的大学毕业生无法挤进上层社会，而沦落为“北漂”。

来自甘肃农村的WF先生选择“漂”在北京，部分地出于被家乡人看不起的担心。

> 我的家乡在甘肃东部，属于典型的黄土高坡，祖祖辈辈面朝黄土背朝天，基本上是靠天吃饭。我当年考上北京的大学，是我们那儿十里八乡第一个到北京上大学的，因为老乡也不太懂得北京的大学，一提起我到北京来上大学，大家都说“这娃上北京大学了”。在老乡们的观念里，

① 麦可思研究院编：《2013年中国大学生就业报告》，社会科学文献出版社2013年版，第130—131页。

② 吴克明：《高等教育社会流动功能弱化现象研究》，载《教育发展研究》2013年第9期，第42—47页。

考上了大学，进了北京，将来就能做大官，所以，大学毕业时，我第一个念头就是不能回到甘肃去工作，好不容易通过考学考出来了，无论如何也不能再回去，不然老乡会觉得“这娃没出息”，我不想让老乡看不起我，不想让父母觉得白供我上大学了，再说我回到甘肃，家里没人也找不到好工作，在北京毕竟机会多，还有好多同学，所以就把就业地定在了北京。我毕业那会儿，我们班就三个留京指标，我也没有拿到指标，所以就只能找个单位工作，在北京“漂”着了。虽然我是“漂”在北京，但是家乡人都认为我在北京当官呢，每次只要回家，村里的人都会来看，问一个月能挣多钱，在北京有专车吧，买房子了吧。在北京的辛酸只有自己知道，只能自己默默承受。

WF 先生毕业时“漂”在北京受家庭背景的影响比较大，西北农村的环境与北京的巨大反差使得他毕业时不可能回家乡工作，家庭社会资本的匮乏使得他回到甘肃也找不到好的工作，家乡人的落后观念使得他回生源地工作面临很大的思想压力，出于面子的考虑，也只能在外地找工作。WF 先生就业选择时考虑的因素，是绝大多数“漂”在北京的农村生源大学毕业生，尤其是落后地区农村生源大学毕业生在大学毕业做就业选择时都会思考的因素。

五、自我实现需要与选择

自我实现需要是人类最高层次需求，指的是满足个体把各种潜能都发挥出来的一种需要。自我实现需要是大学毕业生的主导需要，因此，发挥自己的才能就成为大学毕业生就业选择时的首要标准，大学毕业生只有找到有利于最大限度地发挥自己才能的工作单位或工作岗位，才能实现自己的人生理想和远大抱负。北京高校毕业生就业状况调查报告显示：2012 届北京高校毕业生选择工作时最看重的因素排在前 5 位的依次是“能发挥自己的才能”“机会均等、公平竞争”“晋升机会多”“福利好”和“职业稳定”。2013 届北京高校毕业生选择工作时最看重的因素排在前 5 位的依次是：“能发挥自己的才能”“机会均等、公平竞争”“晋升机会多”“符合兴趣爱好”和“职业稳定”。

从中可以看出：北京高校毕业生在就业选择过程中，把“能发挥自己的才能”作为首要标准，与农民工在就业选择时把薪酬福利作为首要选择标准不同，高校毕业生更看重在北京的发展平台、发展空间和发展机会。

影响大学毕业生自我实现的客观因素主要有两个：一个是地域发展状况，另一个是在工作单位的发展空间。从地域发展尤其是经济发展状况的角度来看，经济越发达，就业机会越多，而且就业机会的均等化程度越高，就业竞争的公平程度也越高，因此，大学毕业生在就业价值取向上都倾向于选择那些更有利于发挥自我才能的大城市，其中北京就成为大学毕业生就业选择的热门城市，而且是北京高校毕业生就业期望的首选城市，所以，大学毕业生选择“漂”在北京的首要目的，就是为了在北京实现自我价值。从工作单位发展空间的角度来看，发展空间越大，晋升机会越多，越有利于大学毕业生发挥自己的才能，实现自己的人生价值。《2013 届北京高校毕业生就业状况调查报告》显示：就毕业生在工作单位的发展空间而言，88.3% 的毕业生认为“能看到或有发展空间”，其中 39.7% 的毕业生认为“有较好或很好的发展空间，发展路径比较或很清晰”，48.6% 的毕业生认为“有发展空间，但发展路径不明确或不清晰”，11.7% 的毕业生认为“短期内看不到发展空间”。《2015 届北京高校毕业生就业状况调查报告》显示：47.9% 的毕业生认为“发展空间较大或很大”，只有 4.1% 的毕业生认为“发展空间很小”。国内最大的人力资源服务商前程无忧发布的《2013 届大学毕业生调研报告》显示：2013 年应届毕业生的离职率为 22.7%，高于全行业 16.3% 的离职率，缺少发展机会或空间是大学毕业生离职的主要原因之一。从上述两组数据中可以看出，2013 届大学毕业生留在工作单位的原因和离开工作单位的原因均与“发展空间”有关，这也从正、反两方面说明了发展空间对大学毕业生自我实现需要的影响。应届毕业生在毕业半年内就离职的，都是非正规就业的大学毕业生，在北京就属于“北漂”大学毕业生，所以，发展空间是影响“北漂”大学毕业生自我实现的重要因素。

毕业后多次变换工作，最后自主创业的 XJW 先生对未来充满希望。

2004 年大学毕业后，我先后在北京的四家公司工作过，主要从事软件开发工作，2011 年底辞职，开始自主创业。在给别人打工的七年时间里，我在第一家公司工作时间最长，大概一年半时间，大学毕业是慕名来这家公司工作的，公司是业界领先的即时通讯平台提供商，是协同软件领域的创始者。当时由于大学刚毕业，实践经验不足，有许多东西需要在实践中学习，当时主要做协同软件的开发和聊天工具界面的开发。工作一年以后，自己在软件开发方面已经算是高手了，在公司里无论是技术上还是职务上提升的可能性都不大，主要是同批进公司的大学毕业生有 12 个，我们同学就有 3 个，我在这些人中又不算突出的，所以自己就决定离开这家公司。通过其他同学介绍，去了第二家公司搞服务器开发，由于这家公司较小，两个多月后我就成为客户端主管，在服务器开发方面积累了丰富的经验后，我又跳槽到另一个公司做部门经理，负责软件的开发及管理工作，后来又去了一家游戏软件开发公司，做游戏软件的整体架构设计、开发、维护工作。经过七年时间，我不仅在技术上而且在管理上积累了丰富的经验，于是我就自主创业，开办了自己的公司，利用以前积累的人脉资源，从事软件开发及服务。目前公司已步入正轨，业务量还是挺大的，虽然很辛苦，但是给自己干觉得很有成就感，从收入上看，公司现在的年利润是我给别人打工时工资的 2—3 倍，从业务增长量上看，最近一年呈现井喷式增长，使我对公司未来的发展充满信心。

从 XJW 先生慕名选择第一家公司就业，以及后边的两次跳槽和最终自主创业，都可以看出他是在一次次地寻找自己的发展空间，正是在这个过程中逐步积累了丰富的经验，发挥了自己在软件开发方面的专业才能。

影响大学毕业生自我实现的主观因素主要是个体的自我认知、自我定位。大学毕业生在就业选择过程中会表现出理想化、功利化、从众化的倾向。理想化主要指的是大学毕业生就业期望值过高，都希望在经济发达的地区、大城市就业，而不愿到落后地区、到基层就业，出现了人才在地域上分布的不均衡，真正需要人才的落后地区和基层单位招不到大学毕业生，而经济发达地区和大城市却出现大学毕业生就业难的现象。其实，经济落后地区和基层单位为大学毕业生提供了展示自我才能、实现自我价值更广阔的平台。功利化主要指的是大学毕业生把工资水平作为就业选择时的一个重要标准，而且薪酬期望比较高，远远高出用人单位可以给出的薪酬水平。《2013 届北京高校毕业生就业状况调查报告》显示：被调查毕业生平均期望年薪为 7.06 万元，最终落实年薪平均为 5.57 万元。期望薪酬高出实际薪酬 27 个百分点。

从众化指的是大学毕业生在就业过程中随波逐流，都希望到国有企业、国家机关、事业单位等部门工作，不愿意到民营企业、小微企业工作；都愿意到金融、信息、教育等热门行业工作，不愿意到一些艰苦行业工作，这不仅加剧了就业竞争，而且不利于自身顺利就业。《2012 届北京高校毕业生就业状况调查报告》显示：从就业单位类型来看，37.2% 的毕业生期望首选国有企业，22.7% 的毕业生选各类事业单位，10.9% 的毕业生选党政机关，12.4% 的毕业生选民营企业，最终，有 31.3% 和 24.4% 的毕业生在国企和民企就业。《2013 届北京高校毕业生就业状况调查报告》显示：从就业单位类型来看，40.7% 的毕业生期望首选国有企业，22% 的毕业生选各类事业单位，11.6% 的毕业生选党政机关，10.8% 的毕业生选民营企业，最终，有 32.7% 和 24.8% 的毕业生在国企和民企就业。对比分析以上两组数据可以发现：北京高校毕业生都把国企作为期望首选，最终落实率低于期望率 6 个百分点以上，民企的最终落实率是期望率的 2 倍，这说明民营企业的用人需求很大。但是，北京高校毕业生还是倾向于选择国有企业。

QLH 先生是在经历了公务员考试失利后，最后选择到民营企业的。

我属于典型的“考证族”，大学期间除了英语四、六级证书外，还考了国家计算机等级证、国家司法考试证，后两个证都是跟着周围同学考的。文科学生空余时间多，闲着也是闲着，于是复习报考了，结果还真考下来了。大四那年，我不仅报考了国家机关公务员，而且报考了河北省公务员和我们省的公务员，唯一的想法就是给自己多一条路，考试对我来说不在话下，结果是拿了三个公务员考试合格证，但是遗憾的是没有被一个机关录用。大学毕业那年，由于离北京很近，我和同学经常结伴来北京参加毕业生专场招聘会，当时对招聘会也没抱多大希望，就是想发发简历，碰碰运气，只要是跟自己专业沾边的就投，我算了一下，毕业那年光简历就发了上百份，最后还真碰着几个单位，通知参加面试，有一个民营企业同意录用我。毕业时比较来比较去，回省里、在河北、到北京都是“漂”，为什么不在一个好点的地方“漂”，我最终就来了北京这家公司做行政。

QLH先生考证、考公务员都属于典型的从众行为，就是为了给找工作增加砝码、多条路，但是从最终就业结果来看，这些都没有发挥太大作用，尤其是公务员考试。所以，大学毕业生就业过程中的从众心理暴露出了他们对自己缺乏正确的认知和明确的定位。“北漂”大学毕业生中，也会有从众而选择“漂”在北京。其实在京外地区，尤其是生源地、经济落后地区，还是有很多就业机会的，他们也是有可能在上述地区找到正式工作的，只是由于自我认知和定位上的偏差而不愿意去上述地区就业。

第二节　选择的理性与非理性

大学毕业生“漂”在北京首先是一个就业选择问题，是一种个人决策行为，是权衡各方面因素选择的结果。在社会学中，关于人的行为的所有理论都隐含着对人的行为的预设，而且这种预设一般都采取了二分法，如赫伯特·亚历山大·西蒙（Herbert Alexander Simon）把人的行为分为“理性”与“非理性”；韦伯把人的社会行动分为工具理性行动、价值理性行动、情感行动、传统行动四种类型。如果用亚历山大的二分法来看，其中前两种属于理性行动，后两种属于非理性行动。虽然韦伯的研究较为关注工具理性行动和价值理性行动，但是他并不认为所有的行动都是理性行动。在现实社会中，虽然行动者的行动中理性行动占有重要地位，但是非理性行动还是大量存在的。大学毕业生的就业选择行为可以说是理性与非理性共存，对于绝大多数人来讲，理性在选择过程中占主导地位，他们在做出就业选择时，既符合古典经济学家亚当·斯密所提出的“理性人”假定，即在各项利益的比较中实现利益的最大化，同时以最小的牺牲满足最大的需要，又会在选择的过程中，融入他们的情感、理想以及习俗或惯例等非理性因素。具体到个体，部分个体选择“漂”在北京，可能受非理性因素的影响更大。

在社会学中，关于“选择”的最著名理论就是理性选择理论，詹姆斯·科尔曼（James Coleman）作为这一理论的权威人物，认为社会系统由行动者、资源和利益三个基本要素构成，行动者是“具有目的性的理性人”，资源包括财富、信息、技能、情感等，利益则是由一定的需要和偏好构成。两个以上的行动者通过交换资源，来满足双方的利益，交换的基本原则就是利益的最大化或者最优化。理性选择理论的最大化或者最优化假设是建立在完全理性的基础之上的，但是，由于个体面临复杂的选择环境及其对环境的认识能力有限，做到完全理性是不太可能的，也就是说完全理性在现实中并不存在，因此肯尼斯·约瑟夫·阿罗（Kenneth J.Arrow）提出了“有限理性”的概念，他认为人的行为“是有意识地理性的，但这种理性又是有限的”[①]。西蒙发展了这一概念，提出了有限理性理论，他认为人的理性是处于完全理性和完全非理性之间的一种有限理性，这种“有限理性”使得人们在做选择时，寻找的并不是利益最大化或者结果的最优化，而是寻找“最满意”的结果。根据有限理性理论，大学毕业生“漂”在北京就是一种本人认为最满意的就业地域、就业形式的选择的结果。

大学毕业生“北漂”其实既是一种选择，又是一种交换，是毕业生和就业单位之间的双向选择，是自然人和法人之间的一种交换。根据科尔曼的理性选择理论和西蒙的有限理性理论，大学毕业生作为有目的性的理性人或者有限理性人，具有较强的人力资本，掌握了一定的技能，可以从学校就业部门、招聘会、网络、亲朋以及其他渠道获得许多就业信息，他们会根据自己所掌握的各种资源，结合自己对就业地域、就业行业、就业岗位、工作条件、工资待遇和自我兴趣等，权衡已获得的各种用人单位信息，来选择自己认为最满意的工作单位就业。从科尔曼对资源和利益的界定可以看出，所谓

---

① 卢现祥：《西方新制度经济学》，中国发展出版社 2003 年版，第 11 页。

的理性也包括了情感、偏好等非理性的因素，因此，可以说，大学毕业生选择"漂"在北京是理性与非理性因素共同作用的结果，但是对于绝大多数人来说，在选择的过程中是有某种理性因素起主要作用的。

ZZW先生毕业后寻找工作，曾经一度在"北京户口"和"理想工作"之间纠结。

我的就业过程其实很简单。大三的时候就开始准备考研，直到研究生入学考试结束后，我才开始找工作，因此在找工作上投入的时间和精力并不多。我找工作时，学校就业办老师先后给我提供了两个就业单位的信息，一个是A出版社，另一个是B出版社，我给两个单位都投了简历，最后就在一个单位工作了，所以当年就没有找外地的单位。A出版社先约我面试，面试官对我很满意，我把自己考研的事情告诉他们后，人力资源部的经理告诉我，如果没有考上研的话，只要我愿意来，就可以来上班，但是解决不了北京户口。大概过了一两周的时间，B出版社也约我面试了，人家也同意要我，而且答应给我解决北京户口。当时，我就处于"两难"选择的境地，A出版社是国内出版行业的龙头企业，是我们学校许多毕业生很渴望去的地方。上学时，曾经有在A出版社工作的师兄回校介绍过经验，当时心里就想要是毕业能去A出版社工作就好了，所以去A出版社工作一直是我的一个梦想。上学期间，每次进城在三环上看到A出版社的大楼都感觉很亲切，而且我面试A出版社的工作岗位也和我所学专业相对接近，是我想从事的工作，工资也比B出版社高，但是不解决户口。B出版社虽然解决户口，但是一个小出版社，工作也不太符合我的想法，工资还不高。最后，我还是选择了A出版社，因为，A出版社和我的理想比较符合，而且工资水平要高一些。

LS女士最初是凭感觉来找工作的。

我的第一家工作单位是一家搞家庭装修的民营公司。学土木的女生毕业不好找工作，招女生的用人单位也不多。这家公司的招聘信息是比我高几届的一个师兄告诉老师后，老师告诉我们的，我就向师兄打电话了解这家公司的情况，知道这家公司有好几个我们学校高年级的毕业生。之后我通过师兄介绍及自己去公司面试，感觉还不错就去了。去了以后，我主要做家装的成本预算，自己感觉工作还算可以，但是我的个性不是太适应那家公司的工作环境和人际氛围，工作一年多后就跳槽了。

分析 ZZW 先生、LS 女士的就业选择过程，既有理性选择理论所讲的最大化和最优化，即“工资水平高，工作岗位与所学专业相近”，也有有限理性理论所讲的最满意，即“工作单位符合自己的理想”“感觉还不错”。另外，也有非理性因素的影响，主要体现在两个方面。一是为了到自己梦想中的 A 出版社工作，而放弃了能够解决北京户口的 B 出版社，最后使自己成为一名“北漂”，这对于绝大多数非北京生源的毕业生来说是不可理解的，毕竟能找到解决北京户口的单位对本科毕业生是很难的，有这样的机会一般都求之不得，但是从年轻人追求梦想的角度来说，又是可以理解的。在访谈中，ZZW 先生也流露出了对当年放弃 B 出版社的些许遗憾，表示“如果现在让我重新选择的话，我可能就会选择 B 出版社了”，在现在的他看来，毕竟北京户口对于在北京工作、生活的他显得越来越重要，已经给自己造成了直接或间接的影响。二是学校许多毕业生都渴望去 A 出版社，而且 A 出版社有许多校友，LS 女士去的公司也有好几位高年级毕业生的校友，这完全是一种从众行为，也可以归为韦伯所讲的情感行动或者传统行动。访谈中有多个访谈对象谈到有师兄在某个单位或者同学去了某个单位，所以自己就去了某个单位。从中可以看出，大学毕业生选择“北漂”，既参考了情感、惯例、意志、梦想等非理性因素，也运用了理性直观、理性思维对自己获得的就业资源进行综合分析，最终的就业选择应该是自己认为最满意的，至少在当时是最为满意的。当然，在现实中也不排除大学毕业生选择“北漂”是完全非理性决策的现象存在。

第三节　学缘与业缘

与农民工进城务工主要依托的是基于血缘、乡缘的社会资本不同，“北漂”大学毕业生就业时，从血缘或乡缘得到的支持相对比较弱，而且“北漂”大学毕业生在职业发展的不同阶段主要利用的社会资本也是不同的，会出现社会资本替代的现象。在职业起步阶段，基于学缘的社会资本发挥了重要作用；在人力资本积累到一定阶段后，基于业缘的社会资本的作用就会逐步凸显，替代基于学缘的社会资本，对“北漂”大学毕业生的发展或工作变动产生重要影响。

一、社会资本与大学生就业

社会资本对大学生就业有重要的影响，是大学生就业过程中可以利用的一种重要的社会资源。社会资本这一概念是皮埃尔·布迪厄（Pierre Bourdieu）首先提出的，他认为社会资本就是“实际的或潜在的资源的集合体，那些资源是同对某些持久的网络的占有密不可分的，这一网络是同某团体的会员制相联系的，它从集体性拥有资本的角度为每个会员提供支持”。某一主体拥有的社会资本量取决于它能有效动员的关系网络的规模。科尔曼认为：行动者相互进行各种交换，其结果形成了持续存在的社会关系，这些社会关系不仅是社会结构的组成部分，而且是一种社会资源。他把社会结构资源作为个人拥有的资本财产叫作社会资本，社会资本的形式有义务与期望、信息网络、规范与有效惩罚、权威关系、多功能社会组织和有意创建的组织等。[①] 林南认为，社会资本是从社会网络中动员了的社会资源，这种资源具有先在性，行

① 周红云：《社会资本：布迪厄、科尔曼和帕特南的比较》，载《经济社会体制比较》2003 年第 4 期，第 20—24 页。

动者通过有目的的行动可以获得社会资本。[①]从布迪厄、科尔曼、林南对社会资本的定义中可以看出：社会资本是一种先在性资源，以关系网络的形式存在，社会资本的利用是个人实现目标的有效途径。大学生择业时对这种先在性社会关系利用的程度，会直接影响就业的结果甚至是个人以后的职业发展。

社会资本作为大学生就业过程中可以利用的一种重要资源有不同的类型。根据马克·格兰诺维特（Mark Granovetter）的弱连接理论，个人的社会关系是有强弱之分的，与一个人的工作和事业关系最密切的社会关系并不是“强连接”，而常常是“弱连接”，“弱连接”虽然不如“强连接”那样坚固，却有着极快的、可能具有低成本和高效能的传播效率。[②]由此，我们可以把大学生的社会资本根据关系强度的不同，分为“强社会资本”和“弱社会资本”。强社会资本一般是由大学生的父母、亲戚、朋友等最直接、最频繁接触的社会关系组成的，而弱社会资本则是由学校、老师、校友以及亲戚的朋友、朋友的朋友等间接交往的社会关系组成的。郑美群认为，大学生就业的社会资本主要来源于高校、教师和大学生自身三个方面，从运用的角度看，大学生就业的社会资本又可以分为公共就业社会资本和非公共就业社会资本。[③]根据郑美群的观点，大学生就业社会资本又可以分为两大类：一类是来源于大学生自身，基于血缘、亲缘的社会资本，这类社会资本是非公共就业社会资本，具有不公开性的特点，属于强社会资本，是大学生自己占有、就业时自己专用的一种重要的社会资源；另一类是来源于高校、教师，基于学缘的社会资本，这类社会资本是公共就业社会资本，具有公开性的特点，属于弱社会资本，是高校毕业生可以共同使用的社会资本。大学毕业生就业时都高度重视社会资本的作用，尤其是在中国这样一个讲究人情的社会中，社会资本的作用应该更大一些。管静娟对社会资本与大学生就业关系的研究结果表明：大

① 宋菁：《嵌入社会网络结构的社会资本理论》，载《法制与社会》2011 年第 1 期，第 40—43 页。

② 余田：《格兰诺维特的社会关系理论——读〈镶嵌：社会网与经济行动〉》，载《青年与社会》2013 年第 8 期，第 72—75 页。

③ 郑美群：《大学生就业社会资本的开发与利用》，载《东北师范大学学报》（哲学社会科学版）2005 年第 3 期，第 138—142 页。

学毕业生对社会资本的认同度较高，在35分的总分中，平均得分达到33.29分。[①]郑洁从社会资本的视角对家庭经济地位与大学生就业的研究结果表明：在对全国14个省市5990名毕业生的调查中，社会关系在落实工作的原因中排第二位。[②]从中可以看出，大学毕业生在就业时不但重视社会资本的利用，而且社会资本也在毕业生落实工作的过程中发挥了重要作用。

社会资本不仅影响大学毕业生的就业选择结果，而且影响大学毕业生的就业质量。强势阶层的大学毕业生依托其所拥有的强社会资本，可以在主劳动力市场上获得质量较高的就业单位的就业机会，而且起薪也高。弱势阶层的大学毕业生由于强社会资本并不强或者根本发挥不了作用，导致就业率和就业质量都比较低。文东茅关于高等教育规模扩张与毕业生就业的研究结果显示：2003年的大学毕业生中，来自以经理人员、行政管理人员、专业技术人员为代表的优势阶层家庭的大学毕业生落实工作的比率高于平均就业率，而来自以工人、农民等为代表的弱势阶层家庭的大学毕业生就业率则低于平均就业率，其中来自行政管理人员家庭的大学毕业生的起薪比来自农民家庭的大学毕业生的起薪高四百多元。[③]大学毕业生"北漂"，从一定程度上讲，与社会资本尤其是强社会资本失灵有一定的关系。

二、学缘与"北漂"

基于学缘而建立起来的公共就业社会资本，由于其提供的信息具有开放性，因而对该校的每一毕业生都是公平的。如果在同一所大学的毕业生中做比较，基于这种弱关系形成的社会资本对于每个人都是一样的，只是每个人利用这种资本的意愿强弱和能力大小不同而已。但是这种对于基于血缘、亲

① 管静娟：《社会资本与大学生就业关系研究》，载《青年探索》2007年第2期，第30—33页。

② 郑洁：《家庭经济地位与大学生就业》，载《北京师范大学学报》（社会科学版）2004年第3期，第111—118页。

③ 文东茅：《家庭背景对我国高等教育机会及毕业生就业的影响》，载《北京大学教育评论》2005年第3期，第111—118页。

缘而建立起来的非公共就业社会资本和强社会资本在其就业过程中发挥不了作用的毕业生来说，弱社会资本却发挥了重要作用。访谈中也发现，绝大多数“北漂”大学毕业生是通过学校、老师、同学、校友等弱社会资本在北京找到工作的，这与格兰诺维特“弱关系的强度理论”相吻合。之所以会出现这种现象，就是因为“北漂”大学毕业生的家庭、父母、亲戚、朋友等强社会资本的社会关系网络不强，无法跨地域发挥作用，他们只能转而依赖学校、老师、校友、同学等弱社会资本。

从社会资本的角度来分析，选择“北漂”的大学毕业生都是那些强社会资本发挥的作用不大或者失灵的毕业生群体。他们无法依托所谓的强社会资本在北京或者家乡以及其他地方找到满意的工作，因而根据自己就学过程中所形成的社会资本来做出就业的选择。那些强社会资本真正强大的毕业生一般都会通过各种社会关系找到能够解决户档关系的工作，真正强社会资本的大学毕业生不会“漂”在北京，他们会找关系通过进京政策实现正规就业，如果进不了京，一般也会到强社会资本能够发挥作用的地方实现正规就业。这一点可以从廉思关于“蚁族”群体的家庭背景的调研中得到验证。“蚁族”作为“北漂”大学毕业生在京职业起步阶段的一种状态，其家庭背景可以说是在一定程度上反映了“北漂”大学毕业生的家庭背景，也就是说“北漂”大学毕业生的所谓强社会资本在他们就业的过程中并没有发挥出作用。

HHT 先生借助大学同学提供的信息，在北京找到了比较满意的工作。

> 1998 年大学毕业后，经学校推荐去了绥芬河一家私人公司工作，这家公司是做对俄罗斯的出口贸易。我在这家公司干了一年多，其中有一年左右的时间都是在俄罗斯，工作很辛苦而且挣得也不多。后来，我在天津工作的一个大学同学说他们公司在北京的分公司招人，也是做对俄罗斯贸易的，我学的是俄语专业，很对口。于是就投了简历过去，公司看了我的简历后，在电话里问了我几个问题，算是面试。1999 年底我就来北京工作了，在来京前工作已经找好了。回想一下，如果当年毕业时能找个政府机关工作或者找份比较稳定的工作，我也就不会来北京了。

LXY女士是在学校就业办老师的推荐下，最终获得了专业对口且感兴趣的工作。

> 我的第一家工作单位是大二时学校给我推荐的实习单位，这份工作我一直干到大四毕业那年的九月份。毕业前，我从学校就业办和学院管就业的老师那里也获得过一些就业信息，面试了好几个单位，当时很迷茫，没有方向，也不知道自己能做什么，所以也就没有找到自己认为合适的单位，毕业时就接着在实习单位干了。毕业后，当时那公司的老板要安排自己的一个关系人，就把我给辞了。后来，我通过老师介绍，去了一家杂志社，主要工作是做排版，也做点美编，工作很清闲，每月就出一期，几天就能干完，而且钱少，专业也没用上，我就主动辞职了。第三份工作是就业办老师给推荐的，是在一家网络公司做网络设计，现在的收入还可以，我对这份工作也挺满意的，和我的专业对口，我也很感兴趣。

"北漂"大学毕业生毕业时获取就业信息的渠道基本上都是依靠学缘，如学校、老师、同学、校友等，尤其是在北京找到的第一份工作。在这一点上，京外高校"北漂"毕业生和京内高校"北漂"毕业生是相似的，唯一的差别就是京内高校"北漂"毕业生从学校获得的就业信息要强于京外高校"北漂"毕业生，这与高校本身的社会资本有一定的关系，北京高校由于地域和教育资源上的优势，为毕业生提供的北京地区单位用人的信息要比京外高校多。采访中发现，京外高校毕业生毕业时来京就业的信息一般都是在招聘会上获得的，毕业一段时间后来京的就业信息一般都是通过同学获得的。

三、业缘与"北漂"

"北漂"大学毕业生的职业发展过程，也是他们积累社会资本和人力资本的过程，与这一过程相伴的是社会资本的积累和转换。"北漂"大学毕业生就业前的社会资本是基于"学缘""血缘"或者"亲缘"，而职业发展过程中积累起来的社会资本是基于“业缘”。基于“学缘”的社会资本具有原始性和相对稳定性，也就是说老师、同学、校友等社会资源都是来自于同一个学校，不会有什么太大变化。唯一可变的是校友资源，会随着学校毕业生的增加而增加，会随着校友个人的发展而变化，但是校友资源毕竟是一种弱社会资本，而基于“业缘”的社会资本会随着“北漂”大学毕业生职业的发展而不断丰富。业缘关系是以职业为纽带，因职业或行业的活动需要而结成的人际关系，在现代社会中，业缘关系会不断地拓展，其在“北漂”大学毕业生的职业发展过程中发挥着越来越重要的作用。因此，会出现基于“业缘”的社会资本逐步取代基于“学缘”的社会资本的现象。

“北漂”大学毕业生的职业发展过程，也是他们积累经济资本和文化资本的过程，与这一过程相伴的是社会资本的创造与维持。布迪厄认为：社会资本不是独立于经济资本和文化资本而存在的，它是通过经济资本和文化资本在“无休止的社会交往”中的转换而被创造并维持的。也就是说，经济资本和文化资本可以转换成社会资本。随着“北漂”大学毕业生人力资本、经济资本和文化资本的日渐丰富，他们的社会资本也将随之丰富，这也会进一步增强基于“业缘”的社会资本的重要性和作用。

DGD 先生经历了求职机会不断增加的过程。

> 我毕业以后有过三次跳槽的经历、在四家公司工作过。第一份工作是毕业时学校推荐的，因为当时年轻想出去闯闯，班里也有好几个同学去比亚迪公司，我也就去了深圳工作。工作两年后，在比亚迪一直从事检测的工作，看不到什么希望，就想着换一家公司，于是在网上发了几份简历，西安的中兴公司联系了我，因为父母都在西安，我就回到西安工作。后来一家猎头公司找到我，问我有没有意向来北京的爱立信公司，我一听是外企而且待遇远远超过我的心理预期，当时就把西安的工作辞了，来到北京工作，说实在的，猎头公司找到我，当时觉得挺诧异的，我问过猎头公司后才知道，我从事的测试工作在国内高端的工程师很少，我在一年前就进入了他们的人才库。2010 年前后，爱立信公司因为中国大陆业务量急剧下降，出现了大面积裁员，我就主动提出辞职，本打算

回西安工作，现在工作的德国公司的部门经理知道我从爱立信辞职后，直接打电话给我，他给出的待遇比在爱立信公司更高，而且工作岗位与我的发展定位比较匹配，我就来了这家公司工作一直到现在。

从 DGD 先生三次跳槽的经历可以看出，“北漂”大学毕业生在人力资本积累到一定程度后会有一个质的飞跃，在工作调整时不再依赖学缘、招聘会等传统就业信息渠道，也不再采取投简历、面试等传统就业方式，找工作也相对容易多了。尤其是在业内有一定影响、技术达到一定水平的“北漂”大学毕业生会进入猎头公司的人才库，进入高端人才市场，依托“业缘”积累的社会资本为自己的职业发展提供更加广泛、有力的支持。

第四节　留恋与向往

迈克尔·托达罗（Michael Todaro）认为，人口流动的动机主要决定于人们对城乡预期收入的差异，这种差异越大，人口迁移的规模就越大。[①]根据托达罗的观点，人口流动基于经济利益的考虑，是一种经济现象，托达罗模型在分析农民工群体的流动动机时是适用的，但是对于流动人口中的大学毕业生群体，尤其是应届毕业生或者毕业时间较短的毕业生就不太适用了，因为流动人口中的应届大学毕业生群体的流动是在就学流动基础上的就业流动，是从“家庭所在农村（城市）—就学城市—就业城市（农村）”的间接流动过程，不同于农民工从“农村—城市”的直接流动过程，而且流动人口中的大学毕业生年龄较小、受教育程度高的特点，也决定了他们与家庭负担重、文化程度低的农民工群体在流动动机上存在差异。尤其是大学毕业生在就学地学习、生活后，会在思想、情感、追求方面发生一些变化，直接或间接地影

① 周天勇：《托达罗模型的缺陷及其相反的政策含义》，载《经济研究》2001 年第 3 期，第 75—82 页。

响他们对就业地的选择。

一、就学流动与就业流动

现有的研究成果表明，流动人口的后期流动与前期流动有着显著相关性，如果说第一次流动是家庭所在地与流入地之间推力、拉力作用的结果的话，那么第二次以后的流动就是原流入地与新流入地之间推力、拉力作用的结果。流动人口中的应届大学毕业生，在上学时从生源所在地流动到了就学所在地，在就业时又会从就学所在地流动到就业单位所在地，或者上学与就业在同一个地方，但是相对于生源所在地也算是发生了流动。如果把上学时的流动称为“就学流动”，把就业时的流动称为“就业流动”，那么就业流动与之前的就学流动是一个连续的流动过程，就学流动会对就业流动产生一定的影响。在我国，大学毕业生就业时的区域流动受户口等体制性因素的影响较大。大学生往往在选择就学地时，就已经将未来的就业地作为一个重要因素加以考虑，也就是说在选择就学地时，就已经进行过一次生源地、就学地、未来就业地之间推力、拉力的比较。其实，就业时已经属于第二次比较了，再加上有了在就学地学习、生活的经历后，大学毕业生会对就学地在个人情感、生活习惯上产生一些依恋，因此，毕业时在选择就业地时会把就学地作为一个重要的参照对象，尤其是那些来自农村、中小城市或者经济不发达地区的大学毕业生，他们通过上学从生源地流动出来以后，返回生源地就业的几率较小。

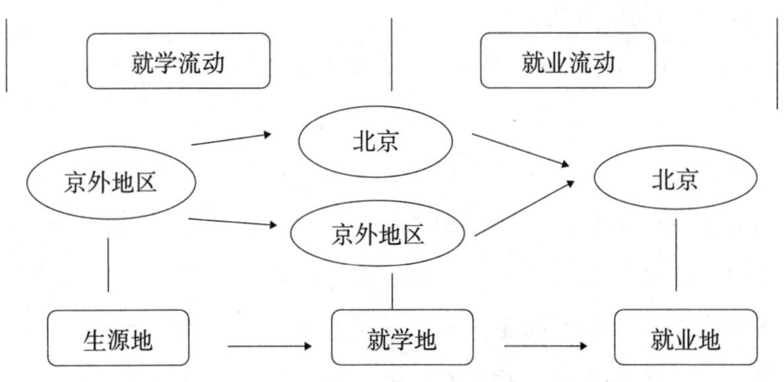

图 2-3　“北漂”大学毕业生的地域流动过程

从人口流动的角度看，“北漂”大学毕业生的流动主要包括两种类型：一类是从生源地流动到北京就学，大学毕业后“漂”在北京，形成北京高校毕业的“北漂”大学毕业生群体；另一类是从生源地流动到京外地区就学，大学毕业后从京外地区流动到北京工作，形成京外高校毕业的“北漂”大学毕业生群体。具体流动过程如图 2–3 所示。

北京是大学生重要的就学流入地和就业流入地。北京丰富的高等教育资源吸引着全国的考生，而且政治、经济、文化、科技等方面的优势也对许多考生及家长产生了极大的吸引力，导致北京成为高考考生就学的一个重要流入地。对于那些成绩优秀、录取高校层次高的考生来说，就学流动到北京，本科毕业或者上研究生毕业后留在北京就业的可能性会高一些。对于那些宁可放弃生源地或者京外地区高一层次的学校，也要降低要求选择北京低一层次的学校的家长和考生来说，部分有行业背景的家长是因为学校有行业特色而希望孩子能够学习相应专业，毕业时利用自己的人脉关系在行业内就业；部分家长是希望孩子能够到首都这样的大城市来熏陶、开开眼界；当然也有相当数量的家长是希望孩子将来毕业时能够在北京工作，其中家长人脉资源丰富的学生，毕业后会进入主劳动力市场，家长没有人脉资源或者人脉资源弱的学生，毕业后会进入次劳动力市场，成为“北漂”。因此，在分析“北漂”大学毕业生选择“漂”在北京的影响因素时，不能简单地根据“推拉理论”去分析生源地有哪些推力，北京有哪些拉力，而要加入就学地对选择“漂”在北京的影响的分析。

YWH 女士所学专业很有特色，本人又有去大城市的强烈愿望。

> 毕业找工作时把就业地域选在北京的原因其实很简单，当时就是觉得北京是一线城市，想到大城市去工作、生活。这种想法之所以很强烈，就是因为我从出生到研究生毕业一直在小城市或二、三线城市，我出生在陕西铜川，本科在西安上的，还是在陕西，研究生到成都上的，终于出省了，上研究生前，都没有出过陕西，但是成都还是二线城市，所以来北京工作就成为我上研究生时的一个梦想。毕业时我只找北京的单位，

我学的专业是我们学校的特色专业，每年都有北京的用人单位来学校招聘，那年恰巧有一个在行业内有一定影响、老板是行业内“老大”的北京单位来学校招聘，我投了简历，面试通过后签约，毕业就来北京了，就是这么简单。

家庭背景简单的WF先生的就业选择空间有限，最后“漂”在北京。

要说毕业时选择“漂”在北京的原因，得从高考填报志愿说起。当时我们班主任就建议我们班的孩子都向外地考，他说考到外地学校，毕业时就业选择的范围会广些，就不会限制在省内了。我家是农村的，父母也没有什么参考意见，看到有好几个同学都报了北京的学校，就随大流，根据高考结束后的估分，选择了一所北京的普通大学，按估分及后来的高考成绩我其实在省内可以上重点大学的，比这学校要知名得多。到了北京的学校，发新生奖学金时我才知道，我是学校在我们省录取的最高分。毕业时，我家是农村的，也没什么人际关系，再加上当时到北京上学就是不想在省内工作，其他地方也没有什么理想的单位，就在北京找了个单位工作了，单位解决不了户口，就这么“漂”着了。

WL女士在北京就学、工作，是家长的愿望，也借助了家长的人际关系。

在北京工作是我妈对我的期望，她从高考选学校时就一门心思要让我填北京的学校，而且她在学校也有个熟人，我当时也算个乖乖女，就报了她推荐的学校，这学校在我心目中也就算凑合吧，不是很满意，所以学习也就没劲头，一直成绩平平。毕业时，我妈的那个熟人也就是我学校的老师，给推荐了一个北京的单位，托着老师的面，那个单位收了我，算是实现了我妈让我在北京工作的愿望。

分析YWH女士、WF先生、WL女士就业时选择“漂”在北京的原因，可以看出都与就学相关。YWH女士将就学地、生源地做比较后，把北京作为就业地，流动到北京工作。WF 先生和 WL 女士都是在就学流动阶段就已经考虑了未来的就业因素，把就学地选在了北京，最后就业也就留在了北京。

就学地对大学毕业生就业地选择的影响，还与工作搜寻成本有关。根据埃德蒙·费尔普斯（Edmunds Phelps）的职业搜寻理论，大学生为了获得报酬和工作岗位的相关信息是需要花费成本的，随着搜寻时间的延长，职业搜寻成本随之增加，职业搜寻时间的边际成本也在递增。大学毕业生搜寻工作的成本包括直接成本和间接成本，直接成本指毕业生在找工作过程中付出的各种费用，包括简历制作费、服装费、交通费、通信费、住宿费以及其他花费，间接成本指为了寻找工作而放弃获得机会的可能性，也就是机会成本。对于弱势家庭背景的毕业生，特别是来自农村、中小城市或者经济落后地区的毕业生，搜寻成本会影响他们对就业地的选择，从时间成本上看，他们通常会希望一毕业就上班，一方面解决自己的生计问题，另一方面缓解家庭经济负担，这也就意味着他们的工作搜寻一般都会在毕业前完成。从直接成本上看，他们一般会在就学地或者就学地周边地区进行工作搜寻。北京高校的大学毕业生毕业时之所以选择“漂”在北京，除了北京对大学毕业生的引力外，与去京外地区找工作比在北京找工作成本高也有关系，去京外参加招聘会、面试等需要花费大量的交通费、住宿费等，所以，弱势家庭背景的毕业生宁愿降低期望薪资以缩短在北京搜寻工作的周期，也不情愿到京外地区搜寻工作。根据搜寻理论和“邻居效应”，来北京搜寻工作的京外高校的大学毕业生通常是北京周边地区的毕业生或者强势家庭背景的毕业生。

ZW 先生受家庭经济条件所限，为了降低搜寻成本，缩短搜寻周期，于是把就学地作为就业选择地。

> 我来自贵州农村，家里很穷，上学都是靠助学贷款，家里在当地也没有什么关系，所以也就没有考虑回去找工作。去其他地方找吧，也没有太多的就业信息，还需要去跑招聘会，再加上面试，来回路费、住宿费是一笔很大的开销，对我来说根本没钱跑外地。在北京找工作就方便多了，学校提供就业信息，北京的毕业生招聘会也多，坐公交花不了多少钱，就能收集到很多就业信息，面试也很方便，反正无论在哪儿都是

不能解决户口，何不在北京找呢。我和那些家里条件好的没法比，我父母都盼着我毕业支援一下家里呢，我弟弟当时也快考大学了，我得靠工作来养活自己、还贷款，还得给弟弟挣学费，帮衬一下父母。所以，我当时对工作的要求也不是太高，只要有工作，工资还可以就行。在大四毕业那学期的四月份我就上班了，虽然是按实习走，工资也就不到1000块钱，但是对我和家里来说已经是很大的收入了，毕竟父母一年辛辛苦苦到头来也就能落下5000块钱。正式上班后，工资就有3000多了，快赶上家里一年的收入了。

HHB先生在父母的支持下，毕业时到就学地不远的北京找工作，并在北京就业。

大学毕业那年，我跑了好多地方找工作，我爸妈也支持我出去闯闯，觉得是男孩子嘛，就是想让我历练历练。毕业时的工作单位是我那年春节后在北京的一场大型毕业生招聘会上发简历找到的，招聘会的第二天我就返回太原的学校。过了大概两周，有一家公司打电话问我有没有意向，有意向的话就过来参加面试，我就又从太原坐火车来北京参加面试，面试后回太原等消息。一周后公司通知去实习，我又来北京实习了，毕业前我请了两周假回去修改论文参加毕业答辩。来北京时，我把自己在学校的东西收拾完了，回来后就算正常上班了，开始了“北漂”的生活。为了找那份工作，我两头跑了好几个来回，花了不少银子，毕业的时候，我懒得再跑了，就让同学帮我办了离校的各种手续，把毕业证、学位证寄给我。

BJY女士毕业时因为经济原因未能在生源地、就学地及就业地以外的地方找到工作，毕业一年多后，通过同学关系来北京就业。

我上大学那会儿，根本就不知道还可以出来找工作，而且家里也没有钱让我出来找工作，就是在学校死等老师推荐，结果毕业时没有落实

> 单位，学校就给直接二分回家了。我就回家等着，等了一年也没有安排，家里人也托关系给我在县城里找工作，一直也没有个结果，父母都看着我发愁，屯子里的人也都觉得我这大学是白上了，整得我压力很大，我在屯子里也待不下去了。我同宿一个很好的朋友毕业时来的北京，知道了我的情况后，就打电话让我来北京，她托朋友给我介绍了一份工作，于是我就来北京了。到北京工作不长时间，家里说给我安排了工作，问我回不回去上班，我没有思考就告诉父母不回去了，既然出来了没混出个样，哪能回去呢。再说家乡也是我的伤心地，我在家等了一年也没个信，刚出来就来信了，感觉就像上天在作弄我似的。

分析 ZW 先生、HHB 先生、BJY 女士搜寻工作的过程可以发现，弱势家庭背景的毕业生毕业时一般都会优先在就学地搜寻工作，因为这样搜寻的直接成本最低。强势家庭背景的毕业生因为能够从家庭获得更多的经济支持，在搜寻工作时地域选择的广度较大，会到就学地以外的地区搜寻，尤其是就学地在二、三线城市的毕业生，会到就学地周边的一线城市或者经济发达地区的一线城市搜寻工作。因此，北京就成为邻里省市（天津、河北、山西、内蒙古、辽宁等）高校毕业生就业时的重要流入地。

二、习惯与梦想

“北漂”大学毕业生选择“漂”在北京的思想动机，从群体的角度看，主要是看中北京更多的发展机会、相对公平的竞争环境、丰富快捷的资讯，尤其是就业机会多，发展平台大。左鹏对北京隐性就业大学毕业生的调查结果显示：在隐性就业的大学毕业生留在北京工作的主要原因中，“北京是首都，个人发展机会比较多”占比 84.2%；“既然已经出来上学，就不愿意再回去”占比 61.7%；“在北京工作，工资待遇比较高”占比 52.5%；“在外地更难找工作，只能留在北京”占比19.6%。[①]从“北京是首都，个人发展机会比较多”中可以看出，“发展机会”排在大学毕业生留京工作原因的首位，工资待遇排在第三位，这和农民工进京务工把预期收入排在首位、到北京工作就是为了增加家庭收入不同，“北漂”大学毕业生“漂”在北京，更多的是为了发展个人、实现梦想、丰富阅历。从“既然已经出来上学，就不愿意再回去”中可以看出北京高校毕业的“北漂”大学毕业生的就业流动是建立在就学流动的基础之上的，是就学流动的延续。北京的发展机会多不仅是北京高校毕业生选择“漂”在北京的首要动机，而且也是京外高校毕业生选择“漂”在北京的首要动机。因此，发展机会是“北漂”大学毕业生群体所普遍追寻的。

就学地不同的“北漂”大学毕业生选择“漂”在北京的情感因素会有一些差异。就学地在北京的高校毕业生，选择留在北京工作的情感因素主要是在北京学习、生活了四年甚至更长时间，已经适应并习惯了北京的生活方式和文化氛围，所以在毕业找工作时一般都倾向于把北京作为就业的首选地，部分人甚至没有考虑过要到京外地区去找工作。对于生源地在中小城市的北京高校毕业生来说，即使是生源地有比较稳定的工作，父母也希望回家工作，但是他们宁愿在北京“漂”着，除了因为北京与中小城市在发达程度上的差异外，在北京上学的经历培养了他们对北京的情感也是一个重要原因。就学地在京外的高校毕业生，选择来北京工作的情感因素主要是因为北京是他们心中的一个梦想之地，上大学时没有能够来北京就学，毕业时又给了他们一个重新选择的机会，所以他们就勇敢地追梦来到了北京。

LS女士因为在北京上学，习惯了北京的生活方式而选择在北京工作。

> 毕业找工作时，就是觉得自己还年轻，想在北京闯闯，再加上在北京学习、生活了四年，已经习惯了北京的生活方式，根本没有考虑过要到外地甚至是回老家济南找工作，也没有考虑过能不能在北京解决户口、档案的问题，因为想也没有用，本科毕业没有几个人能够找到解决北京

---

① 左鹏：《漂在北京——隐性就业的大学毕业生调查》，载《青年研究》2006年第10期，第44—48页。

户口的单位。自己在北京发展受挫、情绪低落时，也曾经想过离开北京，回到济南去，但是回到家，感觉济南的生活节奏太慢了，不是太适应，对比之后，还是觉得自己更习惯北京的生活，所以就更加坚定了自己在北京发展的决心。

北京是 WDL 先生心中的梦想之地，毕业时选择来北京就业。

我想每一个人都向往北京，可以说北京就是每一个人心中的梦想。《我爱北京天安门》那首歌会在每个中国孩子幼小的心里播下一颗向往的种子，就是因为听了这首歌，在我小的时候就有到北京看天安门的梦想。当年高考时也想过报考北京的学校，虽然上了安徽省的一本线，但是北京的重点大学在安徽的录取分数线都要高出一本线 50 分以上，自己又不甘心上个北京的二本学校，就报了天津的一所重点大学。上学期间来过几趟北京，对北京印象挺好的，虽然天津也是大城市，但是自己还是更喜欢北京，所以一直想着毕业时能够到北京工作。毕业那年，有一些北京的公司来学校招聘，我和同学也去参加过北京的几个招聘会，最后就找了一个和自己专业比较对口的公司签了合同。其实，我身边有好几个家不在天津的同学毕业时都来北京工作了，也有几个同学是在天津工作了半年后来的北京。

北京高校毕业的“北漂”因为习惯了北京的生活方式而选择“漂”在北京，可以用朱宝树提出的“累计惯性”观点得以解释。朱宝树对上海流入人口居留态势的研究发现：流动人口居住在上海的时间越长，继续留在上海的概率就越高[①]。北京高校毕业生就是因为上学时在北京有四年甚至更长时间的学习、生活经历，使他们对北京产生了一种选择上的惯性，所以提高了“漂”在北京的可能性。

---

① 朱宝树：《上海市流入人口滞留态势分析》，载《中国人口科学》1999 年第 3 期，第 38—45 页。

第三章　漂泊与寻根

"北漂"大学毕业生的身份认同涉及群体身份认同和地域身份认同两个方面。群体认同指的是"北漂"大学毕业生对"北漂"这一群体身份的态度，地域认同指的是"北漂"大学毕业生对"北京人"这一地域身份的态度。群体身份体现的是"北漂"大学毕业生"漂泊"的状态，地域身份体现的是"北漂"大学毕业生心理归宿的问题，也就是他们心里认为的"根"在何处的问题。

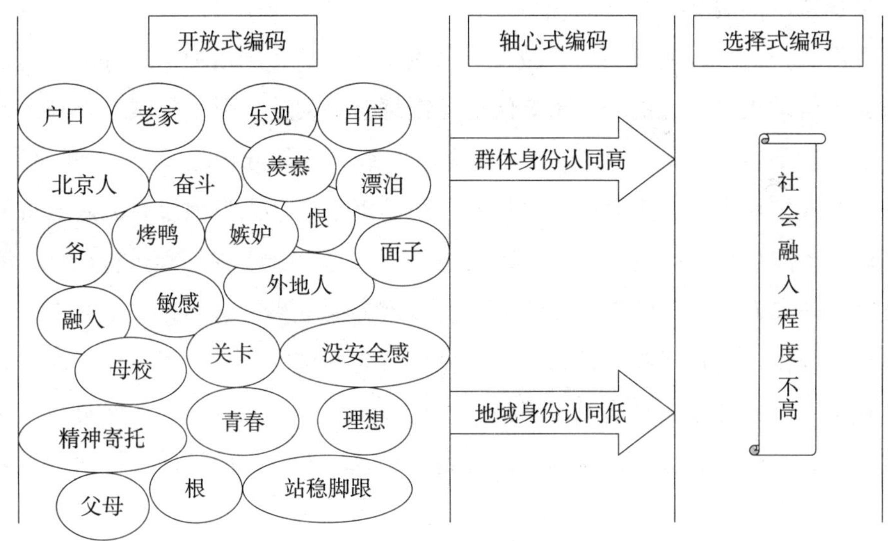

图 3-1　"北漂"大学毕业生身份认同示意图

"北漂"大学毕业生身份认同的分析见图 3-1，从中可以看出："北漂"大学毕业生群体身份认同较高而地域身份认同较低，整体在北京的社会融入程度不高。

第一节　身份认同

“身份认同”一词源于拉丁文 idem，后来发展为英文单词 identity。作为一个概念，它指的是个体认识到自己属于某一个特定的社会群体，并在情感和价值上认可这一特定社会群体。虽然从概念上讲，身份认同仅包括个体对群体的认同与情感和价值上的认可两个方面，但是流动人口身份认同在现实中并不简单。郭星华在对农民工社会认同的研究中发现：身份认同不是简单的同质线性和单一维度的，而是复杂的、多维度的，并且呈现出身份认同的二重性特征。[①] 关于身份认同的研究形成了自我身份认同、社会身份认同、认同控制等理论。分析现有理论成果可以看出，身份认同包括自我身份认同和社会身份认同两类。从社会学角度看，社会身份认同相对比较复杂，时常出现身份认同危机，尤其是随着城市外来人口数量的急剧增加，其身份认同逐渐成为流动人口研究的一个重要问题。围绕这一问题，形成了城市外来人口身份认同研究的“制度建构”“文化场域实践”两种分析范式。“制度建构”分析范式把城市外来人口的身份认同危机归因于外来人口因没有流入城市的户口而不能享受“市民待遇”，因此，主张从政策、制度的层面进行调整，解决城市外来人口的身份认同危机问题。“文化场域实践”分析范式把城市外来人口的身份认同过程视为外来人口与城市文化场域的互动过程，在这种互动过程中，城市外来人口借助亲缘认同、地缘认同、学缘认同，在城市文化场域内重新构建文化场域，从而实现自我身份及社会身份的认同。这两种研究范式是完全不同的思路，“制度建构”范式的弊端在于没有看到城市外来人口在解决身份认同危机中的主动性，再加上政策、制度的调整，尤其是我国户籍制度及与户口相关政策的调整是一个漫长的过程，因此，关于城市外来人

① 郭星华：《漂泊与寻根：农民工社会认同的二重性》，载《人口研究》2009 年第 6 期，第 74—84 页。

口身份认同的研究，把更多的注意力放在了“文化场域实践”中。

第二节　内群与外群

“群体身份”是建立在对社会群体进行界定和分类的基础之上的。社会群体是指通过一定的社会互动和社会关系结合起来的人群集合体，是构成社会的基本单位之一。社会群体的存在并不是无条件的，而是有某种共同的因素把人们联系在一起，如以血缘为纽带建立起了家族群体，以地缘为纽带建立起了邻里群体，以业缘为纽带建立起了职业群体，以学缘为纽带建立起了校友群体。在社会生活中，每一个人都不单单属于某一个社会群体，而是同时属于多个不同的社会群体，个体在不同的社会群体中会有不同的身份。因此，社会群体是个体社会身份的一个重要来源，正是由于个体属于某一个社会群体，因而会获得与该社会群体相关的社会身份。要研究“北漂”大学毕业生的群体身份认同问题，可以运用社会群体的相关理论去分析。

一、内群体与外群体

关于社会群体的分类有很多，其中最适合分析“北漂”大学毕业生群体身份认同问题的是根据心理归宿而划分的“内群体”和“外群体”。美国社会学家威廉·格雷厄姆·萨姆纳（William Graham Sumner）在 *Folkways* 中首先提出了内群（内群体）和外群（外群体）的概念：群体成员将自己的群体称为“内群”，将内群体以外的所有群体称为“外群”。萨姆纳认为，对于内群，人们一般怀有偏爱，并且具有情感认同和强烈的归宿感，因而人们可以在内群中找到自尊和归宿感；对于外群，人们一般怀有偏见，并且具有漠视、厌恶、仇视或贬损的心理。正是因为“内群体偏爱”和“外群体贬损”的存在，就会出现群际竞争，如果处理不好，会影响社会稳定。[①]因此，从内群体偏爱、外群体贬损的角度研究“北漂”大学毕业生的身份认同问题，有其特殊的现实意义。

与萨姆纳“内群体偏爱”“外群体贬损”的观点不同，伯格斯（Burgess）在研究弱势群体时发现：弱势群体成员不仅存在内群体偏爱，而且出现外群体贬损现象。连淑芳在国外外群体贬损研究的基础上，以上海人和在上海的外地人为研究对象，对外群体贬损进行了验证性研究，结果发现：上海人存在显著的内群体偏爱，而外地人的外群体贬损明显大于内群体偏爱。连淑芳据此猜测弱势群体的外群体偏爱可能是一种对自身弱势的认可。[②]从另一个角度讲，外群体偏爱也体现出了弱势群体对强势群体的羡慕和向往。“北漂”大学毕业生尤其是其中的“蚁族”群体，被认为是继农民、农民工、下岗职工之后的第四大弱势群体，按照连淑芳的观点，如果“蚁族”存在外群体偏爱的话，就意味着对自身弱势的认可。廉思的调研发现：“蚁族”中有47.9%的人认为自己是弱势群体，“蚁族”对“官二代”“富二代”持“愤怒”（58.3%）、“悲哀”（49.4%）、“羡慕”（42%）三种情感的相对较多。从上述数据来看，“蚁族”对待外群体“官二代”“富二代”是一种矛盾的心理，既有偏爱又有贬损。

“北漂”大学毕业生之所以能够成为一个社会群体，就是因为有两个共同的因素作为纽带：一个是他们都接受过高等教育，另一个是他们都没有北京户口。正是因为以上两个共同的特点，赋予他们“北漂”大学毕业生的社会身份。从内群体偏爱与外群体贬损的角度看，“北漂”大学毕业生首先要回答的是对“北漂”大学毕业生这一内群体是否认可、是否对“北漂”大学毕业生群体存在偏爱；其次要回答的是对“有北京户口的人”这一外群体的评价，以及是否对“有北京户口的人”这一群体存在贬损或是偏爱。

---

① 潘嗜：《积极内群关注的来源：群内还是群外》，载《心理科学》2009年第1期，第35—41页。

② 连淑芳：《内—外群体偏爱的内隐效应实验研究》，载《心理科学》2005年第1期，第93—95页。

二、内群体偏好

亨利·泰费尔（Henry Tajfel）把身份认同的前提定义为个体认识到他属于某个特定的社会群体，即他所说的“社会类化”[①]。所以，在北京工作生活、没有北京户口的大学毕业生对“北漂”大学毕业生这一社会群体成员的意识，是研究“北漂”大学毕业生群体身份认同的前提和基础，如果他们不认为自己属于“北漂”大学毕业生群体，就无从谈起他们对“北漂”大学毕业生这一社会群体身份认同的问题。访谈中发现：每一个访谈对象对自己属于“北漂”大学毕业生这一点在认识上是完全一致的，但是不同的访谈对象因为自身经历不同，对“北漂”大学毕业生的子群体“蚁族”的看法存在一定的差异。

DGD 先生认同“北漂”身份，而且理解“北漂”中的“蚁族”群体。

> 我属于典型的“北漂”，户口不仅不在北京，而且不在老家，而是在深圳，可以说是“人、户口、家”分离。我上大学前，就跟随父母从铜川迁到了西安，我大学毕业那年，把户口从西安落到了深圳，后来回西安工作，就在西安买房成家了，从家的意义上说，我的家就在西安。现在我和媳妇在北京租房子住，也没有北京户口，工作在外企，也谈不上稳定。我毕业后基本上就是“漂”的状态，在西安、深圳、北京三个城市“漂来漂去”。对于“蚁族”，我认为是刚毕业的“北漂”大学生人生的必经阶段，他们处于人生的起步阶段，选择了北京这种消费水平高的城市，但是刚毕业时收入水平又不会太高，所以过“蚁族”那样的生活，我是可以理解的。

ZLL 女士认为，为梦想而“漂”在北京体现了年轻人敢想敢闯的精神。

---

① 郭星华：《漂泊与寻根：农民工社会认同的二重性》，载《人口研究》2009 年第 6 期，第 74—85 页。

> 用现在流行的“陈欧体”：我是“北漂”，我为自己代言。自己是“北漂”，我觉得这没有什么不好意思的，为了自己的梦想而“漂”在北京，并为之奋斗着，这正体现了年轻人敢想敢闯的精神。我觉得“蚁族”就是一个阶段，我虽然没有过“蚁族”那样的经历，但是我认为自己曾经有过“蚁族”群体的那种心态，大学刚毕业时，觉得自己处于北京社会的底层，那种“漂泊感”特别强烈，不过现在好多了。

LB 先生认为是否要选择“漂”在北京，因人而异，不适合的话，就没有必要苦撑着。

> 我认为没有户口就是大家所说的“北漂”，这点毋庸置疑，年轻人可以选择到北京来闯，也可以选择离开，尤其是在觉得北京不太适合自己的时候，可以主动选择离开，毕竟北京不是适合每个人的。我觉得“蚁族”没有必要非得在那苦撑着，不要为了面子承受太多的心理压力，这样也太虚伪了，其实“蚁族”在给社会传递一种负能量，不利于大学毕业生理性就业。

分析以上三位访谈对象的话，可以发现不同成长背景的大学生对“北漂”大学毕业生群体中的子群体“蚁族”的认知有一些差异。DGD 先生、ZLL 女士由于在北京既无家也无房，而且工作单位不属于体制内单位，因此那种“漂”的感觉会更强烈一些，从心理上与“蚁族”有一定的同质性，更容易去理解“蚁族”群体。而 LB 先生在北京有房、有车、成了家，工作单位也属于体制内单位，因此心理上“漂”在北京的感觉相对较弱，再加上自己家庭经济背景还可以，没有过“蚁族”的经历，所以对“蚁族”会有不同的评价。

对于“北漂”大学毕业生个体来讲，“北漂”大学毕业生群体就属于内群体，“北漂”大学毕业生个体对该内群体有了认同感后，根据萨姆纳所讲的“内群体偏好”，他们就会引起对该内群体产生正向评价的现象。访谈中，绝大多数访谈对象都对“北漂”大学毕业生群体给予了肯定的评价，用到的词语主要有“乐观、自信、勤奋、向上、坚定、奋斗、闯劲”等，也有部分访谈对象对“北漂”大学毕业生群体给出了中性甚至是贬损的评价，用的词语主要有“迷茫、底层、艰辛”等，甚至有部分访谈对象认为“北漂”大学毕业生属于弱势群体，因而出现了伯格斯所讲的“外群体偏爱”的现象。

ZLL 女士给予“北漂”大学毕业生以正向评价：

我接触到的“北漂”大学毕业生，精神是向上的，都在为自己的梦想而奋斗着，对自己在北京的未来充满自信。根据我的经历，刚毕业那几年会比较辛苦，只要挺过来就好多了。我身边的人，从现在的发展来看，都还过得去。

LB 先生对自己在北京的发展比较满意，所以对未来更有信心：

我到北京这些年，开始也吃了些苦，不过现在我对自己挺满意的，收入还可以，买了车和房，日子过得还是蛮滋润的，在北京这么多年也有了一些积累，使得我更加坚定了在北京发展的信念。

ZKW 先生发展不顺，所以对未来感觉迷茫：

我大学毕业时从北京去了老家那边工作，工作了两年，没有什么发展，自己就回到了北京。回来后发现，和当年留在北京的同学比，已经有差距了，他们在北京混了两年多，已经有了一些工作上的积累，职业发展方向比较明确，而且收入都还可以。而我一切还得从头再来，这几年过得都很艰辛，对自己的未来感觉很迷茫。

WF 先生与解决了户口的同学比较后，认为“北漂”属于弱势群体：

和在北京解决了户口的同学比，他们都在国有企业、事业单位工作，不仅工作稳定、清闲，而且福利好，生活没有什么压力，找对象都好找，让人很是羡慕。不像我这样的“北漂”大学毕业生，整天累死累活，还在为生计而奔波，房啊、车啊都不敢想，找对象吧，女方一听是“北漂”，而且是农村来的，可能连约会的机会都不给。我觉得“北漂”大学毕业生就属于弱势群体，不用和北京本地人比，和那些解决了北京户口的外地大学毕业生都没法比。

分析以上四位访谈对象的话，可以发现：在北京发展比较顺利的“北漂”大学毕业生一般都倾向于对该内群体给予积极、肯定的评价，发展不是太好的“北漂”大学毕业生的评价相对比较消极，尤其是与解决了北京户口的同学相比，这种个体之间的明显差异性也会使得“北漂”大学毕业生个体对内、外群体的偏好出现变化。

三、外群体贬损

根据萨姆纳的观点，外群体贬损指的是“北漂”大学毕业生对有北京户口的人组成的外群体给予的负面评价。在现实中，有北京户口的人包括两类人：一类是外地在京落户的人，另一类是北京本地人。“北漂”大学毕业生对上述两类人会在情感上有所差别。外地在京落户的人，尤其是外地生源在京落户的大学毕业生，与“北漂”大学毕业生一样，都来自于京外地区，而且在北京本地人的眼里，他们都属于外地人，因此从这点上讲，他们之间具有同质性。但是在访谈中发现：虽然大多数访谈对象对解决了北京户口的大学毕业生群体持羡慕态度，但是也有部分访谈对象对该群体持否定态度。如果从外地人的角度看，“北漂”大学毕业生和在京落户的京外生源大学毕业生同属于内群体，而“北京本地人”则属于完全意义上的“外群体”。访谈中绝大多数访谈对象对“北京本地人”持贬损态度，只有少数访谈对象持羡慕态度。

WHB 先生羡慕外地生源在京落户的大学毕业生，因为对方是北京人：

我和那些家是农村、解决了北京户口的同学比，要说差别吧，人家是“北京人”，我是“北漂”，在这点上我会羡慕人家，因为人家在国有企业工作，按农村人的说法，端的是“铁饭碗”，而且有北京户口，找媳妇都好找；要说收入吧，我并不比他们挣得少，在这点上可能他们还得羡慕我。从家庭的角度看，我们都是从外地到北京闯荡的第一代，可能真像人们说的那样，我们都是牺牲的一代，辛辛苦苦读书，读完书辛辛苦苦工作，在北京都是白手起家，苦后甜来，只是给下一代在北京生活、发展打个基础。

DYW 先生因为就业中的不公现象，对靠家庭关系留京的同学产生负向评价：

大学毕业时能够在北京落户的，基本上都是那些家里有门道的，有的同学甚至是在入大学时就把毕业时的下家找好了。我们同宿就有这么一位，他老子是个县长，据说是在北京有门道，该主聊天中就明说，毕业要去一家国有银行总部工作，在同学看来，这简直就像个“神话”，一个学计算机的，跟银行不搭边，大一就豪言进国有银行总部，在学校混了四年，学习很一般，结果毕业时还真去了。我们专业那年留京的有五个外地学生，其中只有一个靠自己考公务员进了国家机关，其他的都是靠父母，而且工作单位都不错。看着这种现象，就觉得不公平，对那些靠家里关系留京的同学，只有“羡慕、嫉妒、恨”。我当年在我们县里是高考状元，父母对我寄予很大期望。上大学后，自己努力学习，每年综合排名都在年级前三名，都能拿到奖学金。毕业时跑了、面试了几个好单位，后来发现自己就是陪跑的，所以就调整了方向，找民营企业，很快就找到了，工作是找到了，却成了“北漂”。

LXY 女士因为对接触到的北京本地人没有好印象，而给予北京本地人负向评价：

北京人，那就是爷，显得特别高傲。我们学校是北京市属高校，北京学生很多，我们班 26 个人，有 13 个北京的，他们从内心里很有优越感，根本瞧不起我们这些外地学生，尤其是外地农村学生。不光是城区的北京学生，就连郊区农村的学生也特傲。工作后，接触了一些北京本地人，虽然他们不会刻意表现自己的优越，但是言语中还是不时流露出那种优越感，比如：一次单位几个同事一块儿出去吃饭，其中有一个北京本地人，吃烤鸭时，她不吃，就给其他人推荐说是北京特产，“倍儿好吃”，我们几个外地同事感觉特别不舒服，好像我们没吃过烤鸭似的。

“北漂”大学毕业生尤其是学习好的、农村生源大学毕业生，对外地生源、解决了北京户口的大学毕业生的感情是复杂的，可以用DYW先生的“羡慕、嫉妒、恨”来形容，“嫉妒”对方解决了北京户口，“羡慕”对方工作好、福利好、压力小，“恨”社会不公平，学习好有什么用，不如家庭背景好。

四、媒体对身份的强化

大众传媒作为一种社会身份建构的工具，对个体身份认同的塑造具有唤起和强化功能。大众传媒在通过新闻报道、专题描述、事件评论等形式促使个人和整个社会相联系的同时，也增强了人们的社会联系和社会意识，促使了个人的社会化，也会在一定程度上强化公民对自身社会角色的认识。[①]借由大众传媒，一群本来在空间上分离的个体却因此可以在想象的层面上发生互动，形成一种新的、以媒介为外围疆界的想象社群，加强人们对自我群体身份的认同感。[②]北漂”作为一个政府、社会高度关注的群体，自然也引起了媒体的高度关注，媒体的报道必然会强化“北漂”群体的身份认同。

“北漂”大学毕业生作为“北漂”的一个子群体，虽然大众传媒对“北漂”大学毕业生的直接报道不是很多，但是“北漂”的媒体关注度很高，相

① 温雪姣：《大众传媒的身份认同感构建分析》，载《东南传播》2008年第7期，第76—78页。

② 谢莹：《论传媒影像与身份重构》，载《新闻爱好者》2010年第6期，第34—35页。

关报道的数量也很多，其中有相当数量报道的主人翁就是大学毕业生。因此，大众媒体对“北漂”的报道也必然会唤起和强化“北漂”大学毕业生对该群体的身份认同。廉思在分析“蚁族”的身份认同时，通过“百度指数”考察了媒体对“蚁族”概念的推广趋势，他认为：媒体对“蚁族”的报道基本上沿着“纪实—感慨—反思—积极引导—引入其他关联—积极建构”的路径展开。① 根据百度指数中关于“北漂”的“人群画像”显示：年龄分布上，20—29 岁占比 41%，30~39 岁占比 35%；性别分布上，男性占比 81%，女性占比 19%。图 3-2 百度搜索指数显示：2011 年 1 月至 2013 年 12 月期间，媒体对“北漂”的关注度呈现“高峰—低谷—高峰”的周期性波动，每年的波峰通常出现在 2—3 月份和 7—8 月份，而且 2013 年媒体指数平均值比 2012 年、2011 年翻了一番。“需求图谱”显示：2013 年 9 月至 12 月期间，“返乡”“护照”是与“北漂”相关的、需求度最强的两个词，“北漂一族”“重生”“北漂生活”是与“北漂”相关的、环比需求上升的三个词。

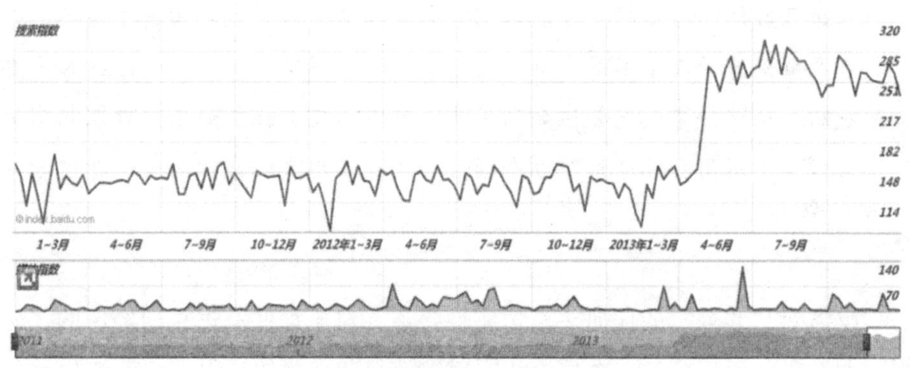

图 3-2　北京地区“北漂”热点趋势

数据来源：百度指数

分析百度指数的上述统计结果，可以发现，媒体关于“北漂”人群的画像，无论是年龄结构还是性别结构，都与“北漂”大学毕业生群体的结构性特点基本吻合；媒体关注度的波动与人口流动的周期性相吻合。每年 2—3 月

① 廉思：《“蚁族”身份认同研究》，载《社会科学家》2011 年第 12 期，第 55—59 页。

份（春节后）是流动人口返城寻找就业机会的高峰期，同时也是二年半学制的研究生毕业离校、走上工作岗位的时间，每年7—8月份是高校本专科毕业生、三年制（两年制）研究生毕业的时间，在这两个时间段会有一批大学毕业生加入“北漂”的行列。需求图谱的热词与媒体报道的与“北漂”关联的热点事件有关，如“返乡”“护照”就是与中央电视台2013年10月12日《北漂小伙为办护照返乡六次》的报道有关。这类关于“北漂”的纪实报道，会通过“感慨—反思—引导—关联—建构”的路径，进一步强化“北漂”个体对“北漂”群体的身份认同。

XJW先生因有与媒体报道的相似的经历，而强化了对“北漂”的身份认同：

> 2013年上半年，我给儿子办小学入学手续，由于儿子户口落在我老家了，外地孩子入学，学校需要家长提供六个证，其中“户口所在地乡镇开具的没有监护条件的证明”需要回老家开。我跑回去了两趟，办事人员说孩子在家不是有爷爷奶奶嘛，就是不给开，最后还是找人才办成的。从这件事我充分体会到了北京户口的重要性，如果户口在北京的话，至少不用再往老家跑办手续，而且也不用去北京住地街道开借读证明。

媒体对“北漂”的任何一篇纪实性报道，对于那些有过相似经历的“北漂”大学毕业生都会是一次身份认同感被唤起和强化的过程。XJW先生给孩子办入学手续的过程至少有两次唤起和强化了他的“北漂”身份，第一次是手续的繁琐程度，北京户口的孩子入学只需要三个证，外地户口的孩子却需要六个证，而且要在户口地、工作地、居住地等开各种证明，这些都是因为户口不在北京、自己是“北漂”所致，户口的差别得以强化。第二次是媒体报道《北漂小伙为办护照返乡六次》后，自己往返两趟回老家办手续的经历，使得XJW先生产生了共鸣。

第三节　北京人与外地人

社会分层理论和社会流动理论认为社会成员的身份主要包括三种：户籍身份、职业身份和地域身份。上节从内群体和外群体的角度对“北漂”大学毕业生群体身份认同的分析，其实就是从户籍身份角度所做的分析。随着流动人口的出现，以地域为标准，形成了“本地人”和“外地人”的地域身份，“北漂”大学毕业生作为工作、生活在北京的个体，如果单纯从地域身份的概念上讲，他们应该也是“北京人”，但是由于受体制和制度性因素的影响，访谈中“北漂”大学毕业生对“北京人”这个地域身份的认可度不高，绝大多数人还是认为自己就是“外地人”，对北京没有心理上的归宿感。

一、双重边缘人

从地域身份角度讲，流动人口通常会陷入“本地人”与“外地人”的身份困境：在“本地人”的眼里，他们是“外地人”；在家乡人的眼里，他们也是“外地人”，成为典型的“双重边缘人”。“北漂”大学毕业生作为流动人口的子群体，在地域身份上也存在“双重边缘人”的现象。他们在家乡和北京两种文化、两个社会中摇摆，罗伯特·帕克（Robert Park）认为这两种文化和两个社会绝不会完全渗透与融合在一起[①]，作为边缘人的“北漂”大学毕业生既不能毫无改变地回到他的家乡，又不能完全融入北京，在他们身上体现的是一种双重身份矛盾。

DYW 先生虽在北京工作，但不认为自己是北京人，而是温州人：

① Park R. E, “Human Migration and Marginal Man,” *The American Journal of Sociology*, 1928, p.891.

> 我从骨子里认为我还是温州人，自己不是特别融入北京，感觉身份比较尴尬。在北京上学、工作有8年了，已经习惯了北京的工作、生活的节奏，北京的人文气息也比较适合我的个性，虽然毕业时就在北京买了房子，但是到现在也没有成家，自己也没有北京户口，在北京依然感觉是“漂的”，没有安全感。回家后，家乡人觉得我说话带北京味，把我当北京人，但是在北京，本地人一听我说话就知道我是外地人，再加上自己没有北京户口，心里就比较敏感，所以，虽然家乡人觉得我是北京人，但是我从骨子里还是认为自己是温州人。

从家乡人和北京本地人的角度看，“北漂”大学毕业生呈现出“双重边缘人”的状态。从“北漂”大学毕业生个体的角度看，在地域身份认同上出现认同的主观意愿和客观结果错位的现象。雷开春认为：城市新移民社会认同方面存在“固化的文化认同、超前转换的地域认同、强烈的外地人认同、向上的地位认同、中等水平的职业认同”等现象。[①] 其中“超前转化的地域认同”说明城市新移民有强烈的融入城市的个人主观意愿，“强烈的外地人认同”说明城市新移民在现实中并没有真正融入城市，出现了意愿上的融入与实际地域身份游离的现象，这种现象在“北漂”大学毕业生群体中也存在。

“北漂”大学毕业生作为青年知识群体，不像农民工仅仅把工作看作增加家庭经济收入的手段，而是把工作看作改变自己身份的途径。所以，与第一代农民工相比，“北漂”大学毕业生往往对北京都有较强的个人主观认同意愿。访谈中，“北漂”大学毕业生因为生源地、家庭背景的不同，主观认同意愿的强烈程度也会存在差异，来自农村或者经济落后地区的“北漂”大学毕业生的认同意愿，要高于来自城市或经济发达地区的“北漂”大学毕业生。“北漂”大学毕业生是否长远打算在北京发展，与生源地、家庭经济条件、在京发展状况等诸多因素有关。生源地越基层、家庭经济条件越差的“北漂”大学毕业生，无论当前在北京发展状况如何，未来在北京发展的意愿都越坚

---

① 雷开春：《城市新移民的社会认同—感性依恋与理性策略》，上海社会科学院出版社2011年版，第835—111页。

决，这与他们没有退路有直接的关系。对于来自城市、家庭经济条件较好的“北漂”大学毕业生来说，在北京发展不好或者在北京发展、生活遇到制度、政策瓶颈时，他们选择逃离北京的意愿就越坚决，这与他们有退路有直接的关系。所以，从“退路”的角度也能说明生源地、家庭背景对“北漂”大学毕业生个体认同意愿的影响。

DGD 先生因为有退路，对北京的主观认同意愿不是很强：

> 从农村出来的、小地方出来的“北漂”，会有在北京站稳脚跟的想法，而且为了站稳脚跟，虽然在北京过着底层的生活，仍然在坚持着、在努力着。我一直就没有在北京站稳脚跟的想法，当初来北京就是因为机会好、挣得多，就过来闯闯，说不准哪一天不想在北京待了，我就撤了，回西安去了。毕竟我父母在西安，我家在西安，回去也会工作、生活得很好，没有必要在北京赖着。

“北漂”大学毕业生对地域身份的认同不仅受制度、政策等因素的影响，而且受文化因素的影响。“制度建构”是流动人口身份认同研究的主要范式，学界从制度、政策影响的角度对流动人口身份认同危机的研究成果较多，有学者把流动人口不能融入城市社会主要归因于制度性因素，其中的核心因素就是户籍制度，因户口的差异，外来人口在子女教育、社会保障等方面与本地居民有很大的差异，进而影响了他们对流入地的认同。“文化场域实践”范式强调文化因素对流动人口身份认同的影响，流入地是新场域，流动人口在新场域会接触到城市文化现代性思维和理念，而且会无意识地接纳这些理念，从而会逐步强化对流入地的认同。根据布迪厄的场域理论，在场域中，资本是可以积累和转换的，惯习也是可以变化的，因此，流动人口在流入地的新场域中既可以积累自己的经济资本、社会资本和文化资本，也可以养成适合新场域的惯习。李荣彬认为：流动人口对流入城市的正面体验越多，越有利于他们实现身份认同；反之，则会阻碍他们的身份认同。[①]在制度因素无法逾越的情况下，“北漂”大学毕业生可以在北京这个场域中不断积累经济、社会、文化资本，培养适合北京的惯习，增加对北京的正面体验，从而促使自己对北京地域身份的认同，当然这种认同不可能达到“有北京户口的人”的那种程度，更不可能达到“北京本地人”的认可程度，只能是一种相对积极的认同。访谈中发现：北京高校毕业的“北漂”、发展顺利的“北漂”对北京的认同相对要高于其他“北漂”大学毕业生。究其原因，除了与李荣彬所认为的对北京的正面体验有关外，还与北京高校毕业的“北漂”在北京居留时间长有关。

LXY 女士在北京的正面体验较多，所以对北京有较强的身份认同：

> 北京最吸引我的就是文化，我是学艺术的，在上大学时，老师要求我们利用好北京的文化资源，那段时间，我几乎参观遍了北京的博物馆、艺术馆，还逛过无数的展览，看过很多演出。工作后，有了展览，只要我有空，就会去看，可以说观展已经成了我的生活习惯。无论是上学还是工作，北京丰富的文化资源给了我很多灵感，设计出来的作品在学校时获得过许多专业竞赛的奖项，工作后在市场上也小有影响。说句心里话，我真的很爱北京。

LXY 女士之所以对北京有很高的认同，就是因为在北京的新场域中有许多正面的体验，养成了享受北京文化的惯习，有在北京学习、工作长时间居留的经历，感受到了北京的文化魅力，在北京积累了丰富的文化资本，并把这种文化资本转化成了经济资本，为自己的职业发展提供了强大的支持。所以，LXY 女士是在文化场域实践中发挥了主动能动性，形成了积极认同的意识。

---

① 李荣彬：《流动人口身份认同的现状及影响因素研究——基于我国 106 个城市的调查数据》，载《人口与经济》2012 年第 4 期，第 78—86 页。

二、无处安放的青春

“北漂”大学毕业生虽然对北京有较强的认同意愿，但是户口及其附带的权益在现实中不时地会唤起他们“外地人”的身份，致使“北漂”大学毕业生地域身份认同的结果远远低于他们地域身份认同的主观意愿。认同结果和认同意愿的较大反差使得“北漂”大学毕业生往往在北京找不到归宿感。

归宿感是建立在身份认同的基础之上的，是与安全感相关联的，只有个体对一个城市、一个单位、一个群体有了身份认同并在其中有了安全感之后，才有可能对一个城市、一个单位、一个群体有归宿感。对于“北漂”大学毕业生个体来讲，能够给予他们归宿感的主要有以下三类：第一类是家庭，家尤其是父母在的那个老家是漂泊在外的他们最终的心理归宿；第二类是地方，包括故乡、就学地、工作地，故乡的心理归宿感来源于游子从故乡所感受到的浓浓乡情，就学地的心理归宿感来源于学子从母校所感受到的纯真友情尤其是同学情，工作地的归宿感来源于员工从单位所感受到的安全感，北京作为“北漂”大学毕业生的工作地，与他们的故乡和就学地相比较，“北漂”大学毕业生更容易从故乡和就学地找到归宿感；第三类是工作，一份好的、稳定的工作，由于有稳定的收入、完善的社会保障、较好的社会地位，更容易给人归宿感，而“北漂”大学毕业生工作则不太稳定，工作无法满足他们归宿的需要。从归宿感的来源来看，家、故乡、就学地给“北漂”大学毕业生带来归宿感都要强于北京和工作。北京不能给“北漂”大学毕业生带来强归宿感，除与城市本身的因素有关外，也与“北漂”大学毕业生从事的工作不能给他们带来强归宿感有直接的关系。

从城市的角度看，除了制度性因素影响“北漂”大学毕业生对北京的地域身份认同和获得归宿感外，文化层面的城市精神对他们找到归宿感也有重要影响。贝淡宁在《城市的精神：全球化时代，城市何以安顿我们》一书中阐述了城市精神对外来人口在城市中找到归宿感的意义。他认为：城市精神是落脚城市的人们寻找“归宿感”和“身份认同”的根本源泉。[①]北京在贝淡宁的眼中属于“政治之城”，在“政治之城”的北京，政策性因素尤其是人口限制性政策比较多，这对包括“北漂”大学毕业生在内的流动人口的归宿感会产生很大的影响，“爱国、创新、包容、厚德”的“北京精神”虽然在北京倡导着“包容”精神，但是“包容”精神要内化于北京人的心中，外显于北京人的行动中还需要很长时间，不可能一蹴而就，很快提升北京人对外地人的包容程度。访谈中发现：访谈对象从北京感受到的更多的是排斥，包括就业、买房、买车、子女上学等，都习惯以户口为依据，实行“北京人”和“外地人”的双重标准，在此标准下，“北漂”大学毕业生无法对北京产生地域身份认同，更不可能对北京这座城市产生归宿感。

DGD 先生认为北京的城市包容性差，不利于外来人口对北京产生地域身份认同：

> 我先后在深圳、西安、北京三个城市工作过，虽然北京的外来人口很多，但是和深圳比起来，深圳对外来人口更易接纳，外来人口更容易融入深圳，深圳有句话“来了就是深圳人”，让外来人口感觉很亲切，有种回家的感觉，外来人口会把自己当成是深圳的主人，为深圳建设做着贡献。而北京就完全不一样了，人多资源少，住房、出行、看病都感觉很困难，而且对外来人口设置了很多关卡，使人觉得很难融入。

从工作或者职业的角度看，“北漂”大学毕业生绝大多数都在次劳动力市场上就业，就业以非正规就业形式居多，工作的稳定性比较差。工作的不稳定带来了收入不稳定、住宿地点不稳定、社会保障不稳定、基本生活不稳定等诸多问题，在这种诸多不稳定的情况下，“北漂”大学毕业生很难从工作中获得归宿感。《廉政瞭望》刊发的《职业归宿面面观》一文梳理出了四类职业归宿之最：最有归宿感的是公务员，最有依附感的是国有企事业单位员

---

① ［加拿大］贝淡宁著：《城市的精神：全球化时代，城市何以安顿我们》，吴万伟译，重庆版社 2012 年版，第 189—190 页。

工，最无安全感的是私营企业员工，最具漂泊感的是个体工商户。[①]“北漂”大学毕业生绝大多数都是私营企业员工，他们既不可能像公务员那样“铁饭碗、有保障、有仕途、有期待”，又不可能像国有企事业单位的员工那样“压力小、有身份、有关系”，他们“收入不高、底气不足、频繁跳槽”，在职业起步阶段为了生存而劳苦奔波，在职业发展取得一定成就之后，又在为住房、子女上学、养老等问题而伤脑。总之，“北漂”大学毕业生在北京无法从职业上找到归宿感，再加上对北京这座城市的弱归宿，使得他们的心在北京始终处于“漂泊”状态。

HHB 先生收入不高，买不起房，长期租房住，在北京找不到归宿感：

大学毕业时，为了自己的梦想来到了北京。开始那一两年就一个目标，一定要在北京站稳脚跟。整天算计着过日子，为了节省钱，只能在郊区合租房，朋友聚会也不敢多参加，不能总是让别人请客，买东西都是在网上淘，很少去逛商场，再说去了看也是白看，看上了也买不起。后来，工作多年有了些积累，自己挣得也多了，想买房时发现房价飕飕地往上涨，观望了一年左右，每平米就涨了近一万，发现自己攒的钱离首付的要求越来越远，自己的工资供月供也越来越困难，就暂时放弃了买房的想法，只能继续租房子住。由于没有自己的房子，找对象都很困难，都快三十的人了，还没有成家，真像佟大为演的电视剧名字一样“我们的青春在北京无处安放”，也真应验了那句话，“理想很丰满、现实很骨感”，在北京苦苦奋斗了七八年，依然在北京找不到归宿感，在北京心里也感觉不踏实，对自己的未来也不像刚来北京那会儿那么有信心了。

HHT 先生来北京时在小公司做翻译，后来自己开公司，始终从工作中找不到归宿感：

到北京工作以来，我一直在雅宝路一带的外贸公司里工作。开始的

① 《职业归宿面面观》，载《廉政瞭望》2012 年第 22 期，第 20—21 页。

时候一直给别人打工，做翻译，由于都是几个员工的小公司，就是典型的个体户，不可能像大公司一样管理比较规范。我工作过的几家公司，没有一家签订过劳动合同，更不用说上保险了。后来自己开公司了，也没有给自己公司的员工办过社保，这种现象在雅宝路这一带很普遍，我到北京工作十多年了，一直就没有社保。自己现在做“小老板”了，与给别人打工的时候比，虽然每年的收入还挺可观的，但是根本没有归宿感：一是自己没有北京户口、没有社保，二是外贸业务受国家政策和中俄两国关系的影响比较大，尤其是我们这种做小本生意的，政策一收紧就可能会倒闭，就没钱挣了。所以，未来是什么样，是不可预知的。

三、父母在哪儿，“根”在哪儿

“北漂”大学毕业生如果无法从北京这座城市和工作中找到归宿感，就会退而求其次，因此，故乡和父母所在的那个老家，就成为他们心理归宿的最佳选择。那些刚毕业、没有房子、没有成家的“北漂”大学毕业生，因为在北京无自己的“小家”，转而从父母所在的老家找心理归宿，这属于正常现象。那些在北京有房子、有车子、结了婚、有孩子的“北漂”大学毕业生，在北京有了形式上和实质上的“小家”，可以说是在北京有了自己的归宿，但是在访谈中发现：无论是在北京有房、有车、成了家的“北漂”大学毕业生，还是以上都没有的“北漂”大学毕业生，都不认为自己是北京人，没有人认为自己在北京扎根了，都认为父母所在的那个老家才是自己的心理归宿。

“北漂”大学毕业生之所以会对老家有强归宿感，一方面与中国的传统“根”文化有关。孔子曰：“父母在，不远游，游必有方。”中国俗语有云：“落叶归根”，“孩子是树，父母是根”，这些话都体现出中国有深厚的“根”文化，在中国人的观念中，父母在哪儿，“根”就在哪儿。中国的“根”文化对所有游子都是有影响的，即使是那些在北京有户口的外地生源大学毕业生，在他们内心里，父母的家永远是他们的“根”所在，只是“北漂”大学毕业生这种感觉会更强烈一些，父母所在的家使他们在北京“漂泊”的心找到归宿、感受到爱、得到抚慰。另一方面，这也与我国的户籍制度有关。在现行制度下，户口是法律上确定一个人地域身份的唯一标准，我国户籍登记制度中明确规定，籍贯一栏填写祖父的常住地，即所谓的祖籍。按几千年来的中国传统文化，籍贯是祖籍的一种表述，指的是祖辈的长久居住地，在汉民族的传统文化中，一些已经离开了家乡的人，他们的后代仍然要追溯祖先的出生地或祖先的家乡（即祖籍）来作为自己的籍贯。按照我国户籍登记制度和几千年的文化传统，在人口迁移大量存在的当下，籍贯地、出生地和户籍地分离的现象普遍存在，对于京外生源大学毕业生，即使在北京解决了户口和档案关系，在籍贯一栏依然还是爷爷辈的户口所在地，当然对于"北漂"大学毕业生，他们的户籍地和籍贯地都在京外。正是由于这一户籍登记制度，在北京工作生活的"外地在京落户的人""北京本地人""外地人"在其户口簿（户籍卡）上就能有明确区分。所以，从中国传统的"根"文化、寻祖问根的民族传统以及户籍登记制度上看，京外生源大学毕业生内心深处的归宿都是父母所在的那个"老家"，而不是自己在北京的"小家"。在北京没有自己的"小家"的"北漂"大学毕业生，因为没有北京户口，无法在北京找到直接的心理归宿，只能唤起自己内心里对"老家"的深深依恋，从"老家"找到心理归宿感。

LS 女士在北京没有成家，有妈妈的地方才是她的家：

> 我从来没有觉得自己是"北京人"，虽然我在北京学习、工作了近十年的时间了，但我心里依然把自己当山东人，因为我的户口、档案关系都在济南，我爸爸妈妈也在济南，我认为有妈妈的地方才是家，爸爸妈妈给了我安全感和归宿感。

ZZW 先生虽然在北京成了家、买了房，但是内心里老家的那个家才是自己真正的家：

> 虽然我在北京买了房子、买了车子，而且还结了婚，马上就要有孩子了，从形式上看在北京有了自己的家，但是在我的内心里，我爸爸妈妈在山西的那个家，才是我真正的家。

LS女士因为没有结婚，在北京没有自己的"小家"，从"北漂"大学毕业生对老家有强归宿感的角度看，父母在的老家就是她的心理归宿。ZZW先生已经结婚，在北京也有自己的"小家"，而且自己在体制内单位工作，职业发展很顺利，也有较强的职业归宿感，但他依然认为父母在的老家是他的心理归宿，这与中国的传统文化有关。

四、母校是精神寄托

"北漂"大学毕业生由于在北京没有"根"，无法从北京这座城市和所从事的工作中找到归宿感，内心深处的归宿地又远在老家，所以他们会在北京寻找自己的精神寄托，而他们往往倾向于根据"学缘"寻找精神寄托，就像农民工根据"地缘"选择居住在老乡较为集中的地方一样，"北漂"大学毕业生往往习惯于在母校周边租房居住，或者和同学、校友合租，这样可以为自己寻求到精神上和心理上的寄托，让自己找到一种"熟悉"的感觉。

对于北京高校毕业的"北漂"大学生，母校是他们的一个重要的精神寄托，这点可以从他们在毕业后一段时间内租房地点集中于母校周边得以体现。访谈中发现，北京高校毕业的"北漂"大学生在选择居住地时，往往都倾向于在母校周边租房，而不是单位周边，即使是母校离单位很远，他们也会回到母校周边租房居住。问他们原因，一方面是因为对母校及其周边的环境比较熟悉，生活比较方便，另一方面在他们的心里，母校就是他们在北京的"根"，可以从母校感受到安全感和归宿感，这在一定程度上说明，北京高校毕业的"北漂"大学生把母校作为自己在北京的心理归宿。从客观因素上分析，对于北京高校毕业的"北漂"大学生而言，在选择居住地的诸多考虑因素中，母校属于永不变化的因素，而工作单位则是有可能变化的，根据人们的习惯做法，一般都会围绕不变性因素做出居住决策。

京外高校毕业的"北漂"大学生在选择居住地时，由于在北京没有"母校"这一精神寄托，所以考虑更多的是经济因素，一般都会选择城乡结合部的平房，或者郊区县的楼房居住，因为这类地区的房租相对便宜些，这样可以适当减轻他们在经济上的压力。访谈中也发现：京外高校毕业的“北漂”大学生在选择合租对象时，一般都是和自己的同学合租。从中也能看出京外高校毕业的“北漂”大学生也在基于学缘寻找他们精神上和心理上的寄托。

母校是LS女士在北京的“根”，她在租房时选择了母校周边的房子：

我工作的第一个单位给新员工都提供集体宿舍，到了第二个单位就没有集体宿舍了，只能租房子住了。当时就在学校周边选了个公寓，和同学合租，选择在学校周边主要是因为对学校周边的环境比较熟悉，比如上学经常去的五道口，自己要干啥事，心里很有底。另外，在北京的同学搞活动都会选学校周边的地儿，这样参加个同学聚会啥的也方便。我在学校周边租的公寓到单位，每天单程得挤一个半小时的公共汽车，虽然很辛苦，但是每天下班能够给我回家的感觉，因为在我心里，学校那一带就是我在北京的家。

LXY女士毕业于北京高校，两次租房都选择在郊区的母校周边：

大学毕业后，我有过两次租房的经历，两次都是在大兴黄村，在离我们学校不远的地方，我周围的同学在单位没有宿舍的，好多人都住在学校边上的小区，每天挤公共汽车、挤地铁到城里上班。我现在每天六点半就得从家走，晚上七点才能回到家，其实还是蛮辛苦的，只是已经习惯了这种生活，也没想过要到单位边上去租房子。

HHT女士毕业于京外高校，租金是她选择租房位置的一个重要考虑因素：

我1999年来北京后，在东四环外的一片平房区和一个大学同学合租了一间八平米的房子，房子里除了一张桌子和两张床外，啥都没有，在那儿一住就是四年，每天上班骑自行车需要四十分钟。2003年在通州租了一套公寓，离单位就更远了，当时选通州，主要就是考虑通州租房价位低，可以改善一下住房条件，而且自己要结婚，需要有好点的房子住。

LS 女士、LXY 女士租房考虑的因素，其实就是一种恋校情结，之所以会恋校，就是因为她们在北京没有其他可以给她们安全感和归宿感的地方，只能把母校作为自己的精神寄托，在那里有她们熟悉的环境，有她们熟悉的人，有她们在大学时期点点滴滴的美好回忆，她们可以从熟悉的环境和熟悉的人中找到安全感和归宿感。

第四章　艰辛与成长

为了实现自己心中的梦想，为了满足自我实现的需要，大学毕业生纷纷选择了“漂”在北京，但是“北漂”大学毕业生在实现自己梦想的道路上，与那些在北京解决了户口的外地生源大学毕业生相比，承受着更多、更大的经济、心理和工作压力，他们在北京的生存充满着艰辛。正是“北漂”大学毕业生对梦想的执着追求，使得他们在克服生存压力的同时，锤炼自我、发展自我，促进了自我成长。因此可以说“北漂”大学毕业生是在艰辛的生存状态下追求着自我实现、自我成长的梦想。“北漂”大学毕业生艰辛的生存状态主要体现在他们的住房、生活、消费、婚姻家庭、人际交往、压力以及社会支持等方面。

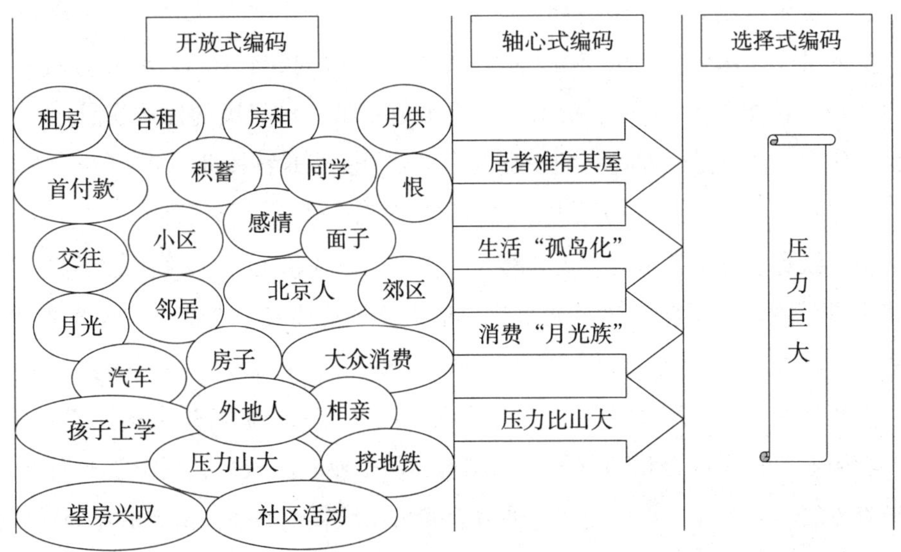

图 4–1　“北漂”大学毕业生生存状态分析示意图

“北漂”大学毕业生生存状态分析如图 4–1，从图中可以看出：“北漂”大学毕业生在北京面临着巨大的压力。

第一节　居者难有其屋

自从两千多年前孟子提出“居者有其屋”的思想以来，它就成为千百年来我国社会的共同理想，政府将其作为民生目标而奋斗着，人民将其作为个人目标而拼搏着。政府为了实现“居者有其屋”的目标，出台住房保障性政策，确保低收入群体、住房困难群体对住房的基本需求。2007 年五部委下发了《关于改善农民工居住条件的指导意见》，拉开了保障性住房覆盖流动人口的序幕。北京市也把流动人口纳入住房保障体系，但是提出了两个限制性条件：一是来京连续稳定工作一定年限；二是能够提供同期暂住证明、缴纳住房公积金证明或社会保险证明。在现实中，流动人口由于工作的不稳定性和社保的低缴纳率，往往很难满足这两个条件，再加上保障性住房户籍人口优先、住房供给量有限，最终导致能够享受到政府提供的保障性住房的流动人口少之又少，这点可以从户籍人口与流动人口住房状况中得以体现。《北京社会建设分析报告（2013）》指出：北京本地城镇户籍居民的住房质量逐步提高，住房的数量已经超过一户一套的水平。但新正式移民即 2008 年以后户籍迁入北京的居民住房负担沉重，住房质量较低；非正式移民即外来人口的住房条件低劣。其中提到的“正式移民”和“非正式移民”，对于大学毕业生群体来讲，就是指那些解决了北京户口的大学毕业生和“北漂”大学毕业生，从中可以看出，“北漂”大学毕业生的住房属于“条件低劣”层次的。

租房是“北漂”大学毕业生最主要的居住方式，而且绝大多数“北漂”大学毕业生都采取合租的方式，尤其是那些毕业时间较短、处于职业发展起步阶段的“北漂”大学毕业生，通过合租可以减轻他们在经济上的压力。“北漂”大学毕业生合租的对象通常是基于学缘关系而认识的人，绝大多数以同学或校友为主，京内高校“北漂”合租对象通常是大学同学或校友，京外高校“北漂”合租对象既有大学同学或校友，也有高中及以下的同学或校友。能够单独租住一套公寓的一般都是“北漂”大学毕业生中的精英群体，或者是成了家的“北漂”大学毕业生，精英群体单独租房是为了改善住房条件，已婚群体单独租房是家庭生活的需要。能够买得起房的通常都是事业比较成功、个人收入水平较高或者家庭能给予一定经济支持的“北漂”大学毕业生，但是在北京拥有自己住房的“北漂”大学毕业生毕竟是少数。访谈发现：24位访谈对象中，只有4位在北京拥有自己的住房，而且均是在限购政策出台之前购买的，住房的位置均是在四环之外，其他访谈对象均是租房居住。在4位有房的访谈对象中，有2位买房是采取了家里出首付款、自己还月供的形式；有3位曾经有过租房的经历，只有1位是家里在毕业时就为其在北京购买了住房。

ZZW先生是先租房再买房，买房时家庭给予了一定的经济支持：

我毕业后到买房前，有过两次租房经历。第一次租房是与大学时候的校学生会主席合租，我是学院的学生会主席，在学校时我们关系就很铁，毕业后就一块租房住，再加上我们两个人各自有女朋友，一共四个人合租了一套公寓。大概一年后，各自的收入都还可以，有实力单独租房了，我们两对就各自单独租了一套公寓。毕业三年后，我和女朋友就在西三旗买了一套房，买房子时，我和女朋友两边的家里都掏了钱，给我们付了首付款，我们还月供，由于当时我们的工资水平都不算太高，家里平时还会支援一些钱，两边父母都希望我们在北京有个“家”，所以他们一商量就给我们买了套房。

YHY女士成家后来北京工作，买房时花光了积蓄，还向朋友借钱，付了首付：

我和老公是2008年来的北京，先后有过三次租房的经历，前两次都是和别的家庭合租，我们两家各一个房间，共用客厅、厨房、卫生间。2009年，我们公司开发的房地产项目销售，公司对员工购买有内部价，我和老公商量后，就拿出积蓄买了一套南五环边上的房子。当时买房花光了我们俩五年多的积蓄，还向朋友借了些钱，现在看来，幸亏当时下决心买了，放到现在，当时付的房款凑合着就够首付。

随着房租的上涨，YWH 女士租房的地点从二环内移到了五环外：

房子对我来说是遥不可及，只能望房兴叹，每年的收入都不够买一个卫生间的，还得是六环周边的。随着北京房价上涨，租房的价格也跟着涨了。2006 年来北京时，和高中同学在宣武门租个六十多平米的房子也就 1500 块左右，现在那儿的房子至少需要四千多。结婚后和别人合租不太方便，单独租城里的房子又太贵，逼得我只能南下到西红门一带租房子，就这 100 平米不到的房子，还要三千多呢。每天从西红门坐地铁，早高峰时，过去 3 趟车都上不去，有好多在城里上班的人住在西红门一带。

随着北京房租的上涨，“北漂”大学毕业生租房呈现出以下两种现象。一是租房区位从城区向郊区转移的现象，尤其是地铁沿线，如地铁大兴线、八通线、13 号线等沿线的西红门、管庄、回龙观等地区，这种转移一方面可以降低租房成本，另一方面交通比较便利，上下班时间成本并无明显上升，所以郊区地铁沿线成为“北漂”大学毕业生租房的热点区域。二是租房形式虽然以合租为主，但是也出现“北漂”大学毕业生“群租”的现象，不仅在城区群租普遍存在，而且在流动人口较为集中的郊区也出现“群租”现象。《北京社会建设分析报告（2013）》指出：外来人口中租房居住的比例为 81.4%，自购商品房的占 0.7%，租住农民的平房的占 70.9%，流动人口的住房人均使用面积为 5.6 平方米。国家卫生与计划生育委员会关于新生代流动人口的调查显示：新生代流动人口中租住私房是解决住房问题的主要渠道，比例高达 65% 左右，拥有住房公积金的比例仅为 7.6%，房租占总收入的比例高达

25%，在城市郊区租房的比例为 58.6%。[①] 以上两组数据以及 24 位访谈对象的住房情况均说明：租房居住尤其是租住私房是“北漂”大学毕业生的主要居住形式，他们租房的区位主要在郊区，“北漂”大学毕业生自购商品房的比例极低。

高房价成为“北漂”大学毕业生扎根北京的最大阻力。随着北京的房价上涨和限购政策出台，一方面有经济实力买房的“北漂”大学毕业生，绝大多数都选择在郊区购房，甚至有部分人选择在河北、燕郊等地区购房，使得燕郊成为“北漂”大学毕业生的一个重要集聚地。另一方面，“北漂”大学毕业生尤其是 2008 年以后毕业的大学毕业生，买房的难度越来越大，这种难度主要体现在两个方面。一是首付款困难，大学毕业生买房，通常家里都会给凑首付款，在 2008 年以前，一般城市家庭凑个 10 万—20 万不成问题，男女两个家庭基本就可以凑够首付款，也可以买一套城区的房子，但是现在即使是郊区的小房子，首付也得 50 万左右，对于一般城市家庭来说已经很困难了，更不用说是农村特别是落后地区的农村家庭了。二是月供困难，即使是家里能够付得起首付，月供也会把绝大多数“北漂”大学毕业生压垮。因此，“北漂”大学毕业生只能是望房兴叹，这也使得更多的“北漂”大学毕业生选择租房居住。

第二节　生活“孤岛化”

王春光在研究中发现：农民工在融入城市社会的过程中存在着突出的“半城市化”现象，具体表现为：就业非正规化、居住边缘化、生活孤岛化、

---

① 国家人口和计划生育委员会流动人口服务管理司编：《中国流动人口发展报告（2013）》，中国人口出版社 2013 年版，第 30—34 页。

社会名声污名化、发展能力弱化及社会认同内卷化。[①]农民工“生活孤岛化”现象在“北漂”大学毕业生中也是普遍存在的，主要表现为交往对象单一化，与北京本地人、与社区居民互动较少甚至没有互动等。但是，与农民工的人际交往对象主要基于血缘、乡缘不同，“北漂”大学毕业生的人际交往对象主要是基于学缘、业缘。

QLH 先生的交往对象主要是同学、同事，与少数北京本地人有接触，但是没有过深交往：

我的朋友圈里基本上都是高中和大学时候玩得比较好的同学，还有同事，与北京本地人的接触比较少。有过接触的北京本地人，主要包括两类：一类是租住房屋同一楼道里的北京本地人，因为在一块住的时间长了，混了个脸熟，但是与他们仅限于见面打打招呼啥的，没有深入交流，更谈不上有什么交情了；另一类是工作中遇到的北京本地人，包括单位里的和客户里的，跟他们基本上都是工作上的接触，彼此之间就是单纯的合作关系，没有像同学那样的朋友感情，毕竟工作中彼此之间是有利害冲突的。

ZZW 先生因工作关系与单位的北京本地人有交往，与小区的北京本地人没有接触。

如果从朋友的角度来看，工作之外接触的基本上都是同学，包括大学时候的同学，还有现在上 MBA 的同学。我们单位也有好多北京本地人，与他们也有交往，但是基本上就是谈谈工作、谈谈生活什么的，很少有能够交心的朋友。在我住的小区，基本上与周围的北京本地人没有什么接触，周内每天一大早就上班了，晚上天黑才能回到家，到家吃完饭、看看电视，就洗洗睡觉了。周末要么出去玩或者和同学聚会，要么

① 王春光：《农村流动人口的“半城市化”问题研究》，载《社会学研究》2006 年第 5 期，第 107—122 页。

在家休息或干家务。因此，没有和小区里的北京本地人接触的机会，更谈不上参加社区组织的活动了。

WHB先生生活中的交往对象主要是高中同学，各自成家后，交往也在减少：

我到北京后，一直从事设备的技术测试工作，基本上是在客户的单位上班，因此，日常与客户打交道要比同事多得多，但是与他们的交流也就是跟测试有关的，没有过多、过深的交往。生活中，交往比较多的是高中同学，大学同学大部分都去了深圳，剩下的就在西安工作了，很少有来北京的，而且我工作比较忙，再加上来的时间较短，在北京也没有太多的朋友，就几个原来一块玩的高中同学。刚来北京时，周末没有什么事就找他们玩，现在也聚得少了，大家都成家了，各家有各家的事，聚到一块也不容易。我租房的小区是个老小区，小区里许多房子都是出租的，没出租的房子里住的也都是年长的北京本地人，因此，和小区里的人没有什么交往，我在现在的房子已经住了快一年了，也不知道邻居是干什么的。

"北漂"大学毕业生的人际交往圈子相对较小，一般都是以同学、校友、同事、客户为主，和北京本地人的接触相对较少，尤其是社区中的北京本地人接触就更少了。这种现象一方面与"北漂"大学毕业生的工作、生活压力比北京本地人相对较大有关，他们在为生存和发展而奔波着，没有太多的空余时间，有限的空余时间都用在了休息、调整自我身心上了。另一方面也与中国文化中"人以群聚"的习惯有关，即所谓的"同质聚居、异质隔离"现象。同学、同事因为有共同的经历，心理距离较近，再加上内群体偏爱，交往时很容易找到共同话题或者共同点，使得交往更容易、更轻松。相反，"北漂"大学毕业生与北京本地人交往，由于心理距离较远，再加上外群体贬损存在，不仅交往双方的主观意愿相对较弱，而且交往的客观障碍也较多，出现了交往上的心理和现实的"隔离"。

根据社会交换理论，人际交往就是一个社会交换过程，是一种准经济交易，人和人之间可以交换的东西包括信息、金钱、地位、情感和物品等。“北漂”大学毕业生之所以与北京本地人交往较少，用社会交换理论来分析，就是因为“北漂”大学毕业生与北京本地人比，处于相对弱势的地位，自身所拥有的可以交换的资源和社会资本相对较少，“北漂”大学毕业生自身由于“外地人”的身份而存在一定的自卑心理，北京本地人一定程度上存在自大心理，在双方的交换过程中，北京本地人无法获得“正的净收益”，因而，发生实际交往的可能性也就比较小。杨菊华在北京市青年流动人口行为适应比较研究中发现：北京市青年流动人口的行为适应程度很低，主要体现在很少与北京本地人交往，极少参与所在社区的活动。[①] 访谈中发现：作为青年流动人口的“北漂”大学毕业生，与北京本地人的交往多限于工作交往，生活中的交往甚少，只有个别访谈对象与北京本地人能够成为朋友；与社区中的北京本地人交往很少，没有访谈对象参加过社区组织的活动。

第三节　消费“月光族”

“北漂”大学毕业生尤其是毕业时间较短的“北漂”大学毕业生，工资水平整体都不是太高，但是在北京的消费却相对较高，尤其是租房居住的“北漂”大学毕业生，每月还需支付高额的房租。根据北京市统计局公布的数据：2012 年全市职工月平均工资为 5223 元，其中城镇非私营单位就业人员月平均工资 7062 元。《中国流动人口发展报告（2012）》显示：2012 年本科及以上学历的青年流动人口月平均工资为 5652 元，租房月平均支出为 904 元。从上述两组数据可以看出，虽然“北漂”大学毕业生的月平均工资略高

① 杨菊华：《北京市青年流动人口行为适应比较研究》，载《青年研究》2013 年第 4 期，第 3—8 页。

于全市职工月平均工资，但是明显低于以户籍人口为主体的城镇非私营单位就业人员月平均工资，与北京户籍人口比，房租支出是“北漂”大学毕业生的一项额外支出，而且租金占收入的比重很大。从住房上来看，北京户籍人口拥有自有住房的比例很高，那些没有自有住房的户籍人口通常都是年轻人，一般情况下，单位都会给年轻职工提供集体宿舍或者周转房，政府还有各种保障性住房供他们选择，即使收费，也比市场租金低很多。最后的结果就是：“北漂”大学毕业生不仅收入水平低，而且还要支付高额的房租，两头挤压，致使“北漂”大学毕业生面临着巨大的经济压力，进而影响他们的生活质量。

LHX 女士工资不高，房租和饮食是她的主要消费开支：

> 我日常的消费主要是房租和吃饭，这两项加起来就得两千多块，差不多花掉我一多半的工资，再加上朋友聚会、出去玩、买衣服等，基本上就“月光”了。由于工资不高，每月有房租等固定开支，所以买东西就不敢买太贵的，我很少逛商场买东西，都是在网上淘，买的东西也就算很大众、很普通的那种，我穿的、用的没有什么名牌。

YHY 女士有自己的住房，没有房租压力，消费相对宽泛：

> 我 2009 年买房子后，每月就不用再支付高额的房租了，主要的消费开支就是吃饭和买衣服，我这人特别喜欢交朋友，经常和朋友聚会，差不多每周至少有一场，所以花了许多钱在聚会、吃饭上。爱买衣服是女人的天性，但是我通常都是买打折的衣服，衣服档次中等偏下，而且绝大多数都是网购，只有给孩子买衣服时才会去商场，买质地好的品牌儿童装。

ZZW 先生工资收入较高，父母时常支援，生活品质相对较高：

> 我日常开支主要是房子、汽车、衣服和人际交往，房子月供基

本占到我工资的四分之一，开车烧油也挺费钱的，每月平均下来也得一千五百多块，衣服我一般都买男装品牌，因为工作需要，经常要外出参加商务活动，所以得注意自己的形象，不能穿得太寒酸，我感觉衣服的消费可以算得上是中端。我的另外一个大的开支就是人际交往，主要是同学。我上大学时是我们学院学生会的主席，在学校结识的人比较多，再加上现在MBA班的同学，同学的聚会比较多。虽然看着我挣得挺多的，但是这样一个月下来，也剩不了几个钱，也算是“月光”吧！幸亏父母那里不用我管，而且他们经常会支援我一下，要不然我根本就过不了现在这种生活。

分析以上三位访谈对象的消费，可以看出：与房子有关的房租或月供等开支，是“北漂”大学毕业生最主要的一项固定开支。租房的“北漂”大学毕业生一方面要支付高额房租，另一方面还要攒钱以备将来买房，因此，他们只能降低其他方面消费的档次。买了房的“北漂”大学毕业生，虽然不用再攒钱买房，但是贷款买房的月供依然是一笔很大的开支，一定程度上也会影响他们在其他方面的消费。随着通货膨胀，“北漂”大学毕业生在北京的生活成本日益增加，他们中的大多数人除了住房、饮食、交通、社交、通讯等开支外，工资收入也就所剩无几，有的人甚至成为“月光族”，有的人可能还需要父母接济才能维持在北京的生存，所以“北漂”大学毕业生的消费受限于收入和开支，尤其是房租、饮食等固定开支，致使他们不仅消费结构比较单一，而且消费的层次处于中低端层次。

第四节 “压力山大”

“北漂”大学毕业生的压力主要来源于自身和社会两个大的方面。从自身角度来讲，“北漂”大学毕业生会面临住房、生活、情感和家庭、事业等方面的压力，随着年龄的增长，情感和家庭的压力会逐步增加，特别是成家后，

“北漂”大学毕业生还会逐步面临“上有老、下有小”的家庭压力。对于“北漂”大学毕业生中的独生子女，赡养两边父母和抚养自己孩子的重任都会落在他们的肩上，而自己的事业还需要爬坡，因此，他们处于事业和家庭压力高度叠加的状态。从社会角度来讲，一是日益提升的生活成本，尤其是北京高企的房价，使得租房的“北漂”大学毕业生不仅要承受高额房租，而且要承受预期买房所带来的巨大经济压力和心理压力，即使是买了房的“北漂”大学毕业生，高额月供也会给他们带来一定的经济压力；二是“北漂”大学毕业生不能像北京户籍人口那样，享受完全的社会保障和平等的公共服务，使得他们抗御风险的能力相对较弱，无形中增加了他们的心理压力。“北漂”大学毕业生尤其是来自农村的“北漂”大学毕业生，不仅要为自己的未来发展和幸福负责，而且还担负着改变家庭经济状况的重任，不但从家庭得不到什么支持，还需要接济家里，但是他们自身在北京还处于漂泊状态，工资收入不是太高，没有较为完善的社会保障，从社会能获得的支持相对较少，因此，很难扛起自己和家庭的重担，这也无形中使弱势家庭背景的“北漂”大学毕业生成为“在职贫困”群体。

HMY 先生的生活压力呈现先大后小的特点，但是工作压力一直都很大：

大学刚毕业那一两年，生活压力特别大，由于工资不高，都得算计着花，除了吃、住、行等必须开支外，可买可不买的就不买，要买件衣服也得找打折的买，每月的工资基本够自己开销，很紧张，后来随着工资提高，生活上的压力在逐步减小，但是房子的压力始终压得我喘不过气来，买房对我来讲就是天方夜谭，没奢望着能够在北京有自己的房子。我工作上的压力一直都很大，刚毕业时是因为工作经验不足，什么都不懂，需要学的东西比较多，感觉压力特别大。后来，工作上的压力主要是职业发展遇到瓶颈，要突破这个瓶颈需要自己投入更多的精力，不断提高自己的技术水平。这种压力从某种程度上讲，也可以说是自己跟自己过不去，主要是我对自己要求高，因为我从来都不是凑合的人，这样弄得自己很累。所幸的是，自己的付出有了好的结果，现在的技术水平在我们公司属于一流的，别人不可替代，以前看不起我的技术人员，现在遇到难题也得请教我。

HHT 先生自己当老板后比给别人打工时压力更大：

我给别人打工那几年，可以说就没有假期，法定假日我基本都没有休过，只要有客户来订货就得去，晚上从来没有正常下过班，再加上住的地方离单位很远，通常下班回到住的地方就得九点多，第二天还得早起赶着去上班。当时也没想着从老板要假、要加班费，都是老板看着给。自己当老板后，那就更操心了，原来是累体，现在是累心，每天开着门，有没有生意都得交房租，都得给员工开工资，所以感觉现在更累，比原来压力更大。这种压力不仅来自于工作，也来自于家庭，我的小孩上学、参加各种培训班，花销很大，别人的孩子都在参加培训班，为了不让孩子输在起跑线上，也不得不给孩子报各种培训班。父母年纪都大了，也干不了农活了，我家虽然有哥三个，但是就我上大学出来了，还在北京当老板，所以赡养父母都得靠我，而且家里亲戚有点事就向我借钱，不借给的话，人家还骂，说你不近人情，其实我就在北京做个小本生意，在北京的难处只有自己知道。

访谈中发现：“北漂”大学毕业生的压力变化一般也有其规律性。刚毕业时生存压力较大，因为处于职业起步、经验积累的阶段，因而工资水平较低，但是吃、住、行等方面的开销比较大，甚至到了入不敷出的地步，生活相对比较困苦，面临着能否在北京站稳脚跟的挑战。有的人为了节约开支，在住房上倾向于选择郊区的楼房甚至是平房，或者城区的地下室，采取合租或者是群租的形式。“蚁族”的出现，就是刚毕业的“北漂”大学毕业生巨大生存压力的一个缩影。随着工作时间的推移，人力资本和社会资本积累到一定程度后，“北漂”大学毕业生可以在北京站稳脚根了，不再为生存问题发愁，按照马斯洛需要层次理论，个人的需要逐渐由物质层面上升到精神层面，出现了生存压力逐渐让位于生活压力的现象，这种生活压力主要体现为经济压力、工作压力、家庭与情感压力以及事业发展的压力。但是对于“北漂”大学毕业生来说，经济压力、工作压力始终都是一种高压态势，因为只有个人事业上有了好的发展，才有可能提升收入水平，进而满足自己和家庭的物质和精神层面的需要。2010 年 3 月《小康》杂志社联合清华大学进行的“小康职场健康调查”显示：76.7% 的 80 后和 81.7% 的 70 后感觉压力较大或极大，38.8% 的 80 后和 50.4% 的 70 后有被榨干的感觉。工作倦怠、生活无力，是他们的普遍状态。对于自身“过劳”状态的评估，67% 的 80 后认为自己接近过劳，20.8% 的 80 后认为自己处在过劳中，88.9% 的人认为自己处在或接近过劳状态。① 从年龄段上看，“北漂”大学毕业生恰恰是以 70 后、80 后为主体，因此，这一年龄段的职场人也包括了“北漂”大学毕业生，而且在现实中，“北漂”大学毕业生的职场压力要比北京户籍人口大得多，他们的生活压力和精神压力一定程度上会转嫁为工作上的压力，因为他们在个体身份、职业发展、人际关系、家庭环境等工作压力的潜在来源方面，与北京户籍人口相比都没有什么优势，所以，工作压力过大使“北漂”大学毕业生处于过劳状态的现象较为普遍。

如果说房子是压在“北漂”大学毕业生身上的一座大山的话，那么婚姻就是压在他们身上的另一座大山。整体来看，“北漂”大学毕业生由于在经济上、社会地位上、身份上与北京户籍人口相比都处于弱势地位，因此，在选择配偶时也会存在“上嫁下娶”现象，“上嫁”指的是优秀的或者容貌美丽的女性“北漂”大学毕业生更倾向于嫁给北京户籍人口；“下娶”指的是北京户籍人口尤其是在京落户的外地人，可能会娶优秀的或者容貌美丽的女性“北漂”大学毕业生。“上嫁下娶”现象说明：优秀的或者容貌美丽的女性“北漂”大学毕业生在配偶问题上可选择的余地比较大，她们既可以在北京户籍人口中选择，也可以在“北漂”大学毕业生中选择。相对而言，男性“北漂”大学毕业生的选择余地就较小，男性“北漂”大学毕业生通常情况下也只能在女性“北漂”大学毕业生中选择，即使是强势家庭背景的或者特别优秀的男性“北漂”大学毕业生，有北京户籍的外地女性也不会把他们

① 欧阳海燕：《中产病人》，载《小康》2010 年第 4 期，第 20—21 页。

作为优先选择的对象，因为根据婚姻选择的价值理论，人们更愿意选择和自己条件相同或相似的人作为配偶，从而形成了“北漂”大学毕业生的“通婚圈”，要跨越这个“通婚圈”去选择北京户籍人口作为配偶，会承受更多的社会压力。对于弱势家庭的男性“北漂”大学毕业生来讲，他们配偶选择的余地相对更小，尤其是在现实压力比较大的情况下，女性“北漂”大学毕业生在配偶选择时越来越现实，都倾向于选择强势家庭背景的男性“北漂”，或者弱势家庭背景的外地在京落户的男性，这样就会导致弱势家庭背景的男性“北漂”大学毕业生面临很大的择偶难题，给他们带来巨大的精神和心理压力。

QLH 先生生活上没什么压力，但是面临很大的婚姻压力：

> 我工作以后，生活上一直没有什么压力，我在家里是独子，父母都惯着我，我也是那种大大咧咧的人，自己挣的钱不够花，父母就会给，所以从来没有为钱的问题犯过愁，生活过得还蛮自在的。但是随着年龄增长，我的精神压力越来越大，都快三十的人了，还没有结婚，父母比我还着急，一打电话就问这事，一回家就要安排相亲的事，弄得我都不敢回家，回家也不敢待太长时间。开始的时候，我还不以为然，整天就知道自己疯玩，看着同学一个个都成家了，我自己也开始有点着急了，真想找的时候，人家一听没有北京户口，连见面的机会都不给，想找个合适的还真不容易，在我们单位也成了大龄单身男青年了，感觉在对象问题上“压力山大”。

“北漂”大学毕业生择偶的主要制约因素是经济条件差和生活圈子小，特别是对于男性“北漂”大学毕业生来说，经济条件差的影响比较大。按照我国“男高女低”的传统婚姻观念，女性在选择配偶时比男性更实际，更加看重男性的物质条件，而男性更看重女性的相貌和性格，因此，按照交换理论，在选择配偶时，经济条件就成为男性的一种重要交换资本，容貌就成为女性的一种重要交换资本，弱势家庭背景的男性“北漂”大学毕业生虽然受教育程度高，预期的、内显的交换资本有可能会很强，但是因为现有的、外显的交换资本不强，在现实中会造成择偶上的困难。另外，由于“婚姻挤压”现象的存在，也会进一步加剧男性“北漂”大学毕业生尤其是弱势家庭背景的男性“北漂”大学毕业生择偶的难度，使他们加入择偶困难的大龄单身男青年行列。

第五章　坚守与逃离

来北京闯荡，是许多大学生毕业时的梦想，但是美好的梦想与残酷的现实发生碰撞后，会对“北漂”大学毕业生未来工作地域的选择产生影响，有的“北漂”大学毕业生会坚守在北京，为自己的梦想而继续奋斗着；有的“北漂”大学毕业生会逃离北京，去其他城市或者农村谋求新的发展；有的逃离北京的“北漂”大学毕业生又逃回北京，追求自己的梦想。因此，在“北漂”大学毕业生群体中，既出现了“坚守”与“逃离”共在的现象，也出现了“逃离”与“逃回”并存的现象。

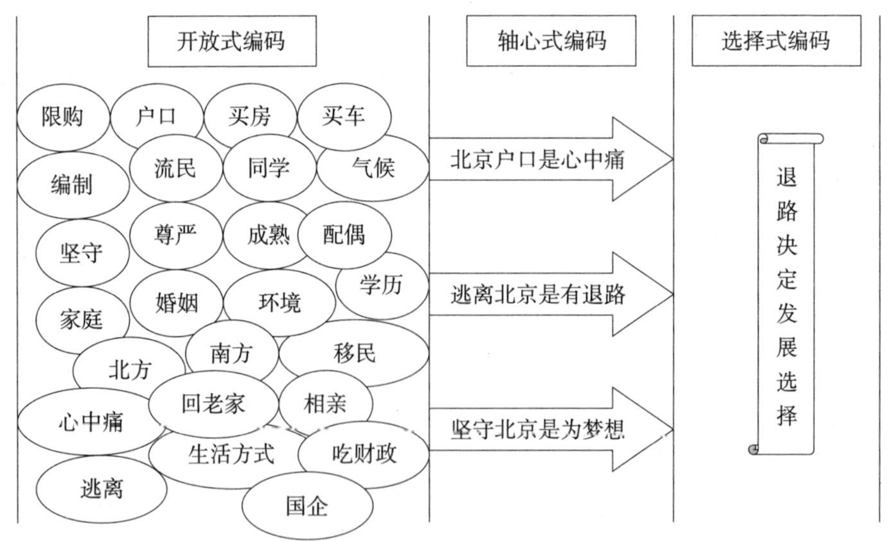

图 5-1　“北漂”大学毕业生发展地域选择示意图

“北漂”大学毕业生未来发展地域选择分析见图 5-1，从图中可以看出：“北漂”大学毕业生坚守北京还是逃离北京，与个人是否有退路相关。

第一节　北京户口之痛

北京户口既是“北漂”大学毕业生心中无限的向往，也是他们心中永远的痛，正是因为没有北京户口，才使得他们成为政府工作对象中的流动人口，成为北京户籍人口尤其是北京本地人眼中和心中的“外地人”。也正是因为没有北京户口，才使得他们虽然工作、生活在北京，为首都的建设和发展做出了巨大贡献，却不能和北京户籍人口一样享受到市民待遇，政府的政策设置了诸多关卡，把他们排除在公共服务体系之外。虽然北京是一个外来人口占比极高的城市，但是北京与户口捆绑的政策和福利还没有完全放开，因此，北京户口还是对“北漂”大学毕业生有着隐性和显性、潜在和现实的影响。

一、先弱后强

北京户口对“北漂”大学毕业生的影响呈现“先弱后强”的特点。在“北漂”大学毕业生参加工作的最初几年，因为没有买房、买车、结婚、育儿等方面的需求，北京户口对他们的影响主要体现在社会保障方面。随着新《中华人民共和国劳动合同法》的颁布，北京地区劳动力市场的管理日益规范，劳动合同的签订比例在逐步提高，用人单位给流动人口上保险的比例也在逐步提升。“北漂”大学毕业生作为流动人口中受教育程度较高的群体，他们就业的单位都是比较正规的用人单位，而且用工性质不像农民工那样以临时用工居多，他们多是固定用工，签订劳动合同和上保险的比例会更高，因此，北京户口对社会保障的影响相对不是那么明显。

随着“北漂”大学毕业生事业的发展，他们在北京站稳脚跟、经济条件达到一定程度后，开始出现了买房、买车、成家、育儿等方面的需求，此时北京户口的影响就凸显出来了，尤其是限购政策出台以后，“北漂”大学毕业生无法享受到北京市民的待遇，使得他们在北京的发展遇到了与户口有关的政策瓶颈，进而强化了他们外地人的身份认知。在买房方面，北京的限购政策要求外地人出示在北京“连续满五年纳税证明（指个人所得税）或者在北京连续满五年的社会保险证明”，这就把毕业五年以内的“北漂”大学毕业生排除在外了。“购房人在北京没有房屋，如果已经结婚，夫妻双方在北京没有房屋”，这又给已有住房、想改善住房条件的“北漂”大学毕业生提出了限制。在买车方面，北京的限购政策要求外地人“持有北京市暂住证且连续5年（含）以上在北京市缴纳社会保险和个人所得税”，这也就把毕业五年内的“北漂”大学毕业生排除在外。在成家方面，一方面“北漂”的身份使得他们在北京找对象存在一定的困难；另一方面在中国人的传统观念中，房子是家存在的一种外在表现形式，因此，成家前都得先有房子，尤其是女方家长对这点很看重，但是北京高企的房价再加上限购政策，使得弱势家庭背景的“北漂”大学毕业生只能望房兴叹，从而使成家也变成了一种奢望。另外，找到对象的“北漂”大学毕业生要办结婚证，如果对象也没有北京户口，办理结婚证得回一方户籍所在地民政局办理。在育儿方面，虽然北京市对包括“北漂”大学毕业生在内的流动人口子女入学方面放松了政策，但是在办理准生证、入园、入学等手续方面，都比北京户籍儿童复杂，而且选择余地相对较小。再加上“北漂”大学毕业生的住房多在郊区，优质教育资源相对比较匮乏，要让子女上好学校，需花费数额不菲的赞助费。部分“北漂”大学毕业生还担心自己的孩子将来是否能够在北京，以北京生源的身份参加高招录取。可见，北京户口不仅对“北漂”大学毕业生是否能够顺利成家有影响，而且还会影响到他们的下一代。

没有北京户口对 ZZW 先生换房、给孩子办准生证等产生了影响：

我是在北京限购政策出台前就买了房、买了车，当时没有感觉到户口有什么影响，但是当我媳妇怀孕后，想到孩子出生后现在的房子太小，于是在周边小区看上了一套大点的房子，就在自己犹豫着要不要换房子时，北京的限购政策出台了，因为没有户口，现在住的房子不卖，就买不了看上的房子，当时二手房也确实不好卖，就看着那套看上的房子一直在涨价，一年多时间涨了近一百万。从某种程度上来讲，就是因为没有北京户口使得我损失了近一百万，这点我感受很深。讲起我家孩子，虽然还没有出生，就有一系列因为户口带来的麻烦事，就拿办准生证来说，不仅需要回我媳妇家去办，而且要双方单位开初婚未育证明，我们单位有管计划生育的部门，倒是很顺利地就开出来了，但是我媳妇怀孕后就再没有上班，她原来上班的单位是个小公司，人家都没有听过开初婚未育证明这回事，于是只能刻假章开假证明，当时拿着假证明去媳妇老家那边的计生办，战战兢兢的，怕办事人员识别出来，所幸的是没有看出来是假的，就这样蒙混过关了。

HHT 先生的孩子在北京入小学的经历，使他体会到了北京户口的重要性：

北京户口对我买房没有什么影响，我 2004 年就把房买了，不过对孩子上学的影响挺大的，我感受太深了。因为我和媳妇都是外地户口，孩子出生后就随他妈把户口上在河北了，今年我家儿子上学，为了在北京入小学，光开各种证明就够费劲的。要回河北老家开、要到工作单位开，还要到房子所在的街道开，真是把人折腾得够呛。另外，我家房子在管庄，虽然属于朝阳，其实已经快到通州了，片区里没有什么好的小学，就想着给孩子在西城找个小学上，把孩子的学籍落到西城，到时候上中学就不用再折腾了。想法是好的，可是操作起来真是太难了，人托人花了好多钱，才入了一个西城的二类小学。上小学都这么难，再考虑到未来升学特别是高考，如果政策没有调整的话，我肯定不会在北京待下去，毕竟孩子的事是大事，耽误不起。

WF 先生在找对象时，遇到了没有北京户口带来的困扰：

北京户口就是我心中永远的痛。大学毕业时，一门心思就想着找个能够解决北京户口的单位，结果到处碰壁，只能“痛”下决心，找了个小公司先干着。自己就从在学校时的北京集体户口，变回到甘肃老家那边的县城户口，从大学生变成了“流民”，和村里出来打工的人一样了。毕业后的那个工作单位虽然小，但是管理很规范，给像我一样的“流民”都缴纳着“四险一金”，虽然后来我换了两个单位，但是社保这一块一直没有断过，使我心里感觉挺踏实的。随着年龄一年年变大，在找对象时心中的伤疤就一次次被戳开，同学、朋友、同事介绍对象时，都在刻意隐瞒我的情况，可是我不能骗人家，当对方知道我没北京户口、没房子后，联系就越来越少了，就逐渐地疏远了。我在找到现在的女朋友之前，有一段时间基本上每个月能相两三次亲，别人给介绍过的、见过面的不下15个。我现在的女朋友是我们老家那边的，她也是在北京打工，一个老乡介绍的，虽然我们俩的感情比较好，家庭背景都差不多，但是我们也在为房子的事情犯愁，毕竟都是快三十的人了，也该到结婚生孩子的年龄了，就我们现在的收入，家里又都是农村的，要买房比登天都难，现在只能寄希望于政府了，看将来能不能租到公租房了。

二、内外有别

“北漂”大学毕业生在不同性质的工作单位对北京户口影响的体验是不同的。在体制外单位内部，没有因为户口而带来的用工形式上的差异，因此，北京户口在社保和福利方面对“北漂”大学毕业生没有什么影响。在体制内单位内部，因为户口、编制等问题，在用工形式上存在一定的差异，进而对不同身份和用工形式的员工的福利待遇产生一定的影响。

“北漂”大学毕业生就业的单位按照性质划分主要有两大类。一类是体制外用人单位，主要是私营企业、外资企业，这类用人单位虽然每年有部分会有一定数量的进京指标，能解决一部分大学毕业生的北京户口问题，但是这类用人单位的员工中绝大多数都是“北漂”，而且“北漂”大学毕业生和解决了北京户口的大学毕业生之间，不存在像体制内单位那样因编制问题而出现的身份差别，所以在社保和福利方面，“北漂”大学毕业生和有北京户口的员工执行的是同一标准，体现不出来北京户口的影响。另一类是体制内的用人单位，如果说“北漂”大学毕业生在体制外用人单位属于大多数的话，那么他们在体制内用人单位就属于极少数，因为体制内用人单位通常情况下都能给大学毕业生解决北京户口和编制问题，能够进入体制内用人单位的极少数“北漂”大学毕业生从长远来看，也是有可能解决北京户口的。但是体制内用人单位存在编制内用工、编制外用工以及公务员、事业编、参公、劳务派遣等多种身份和用工形式，在社保和福利待遇方面，会因为身份和用工形式不同而出现一定的差异，但是北京户口的影响被身份和用工形式的差异所掩盖，成为一种间接的、隐性的影响。

陈剩勇在对国有企业“双轨制”用工制度的研究中，分析《中国劳动统计年鉴》的数据发现：截止 2008 年，体制内员工的基本工资是体制外员工的 3—4 倍，而且福利收入的差距巨大；在社会保险方面，大部分体制外职工只有医疗、养老、失业保险三项；在日常福利上，体制外员工基本享受不到。[①] 虽然上述结论是依据 2008 年以前全国国有企业的统计数据得出的，但是在体制内单位内部，对于编制内和编制外员工，在工资和福利待遇标准设定时，实行的是“双轨制”，最终必然导致“同工不同酬”现象的存在。

在私企工作的 WL 女士，没有感受到北京人与外地人在待遇和社保上的不同：

大学毕业以后，我工作过的两个单位都是私营企业，“五险一金”是写入劳动合同的，入职后公司都按照合同约定给上着呢。单位里无论是北京人还是外地人，相互之间只有岗位、职务的不同，同一岗位和职务感觉不到北京人和外地人之间在待遇和社保方面有什么不同。

在事业单位工作的 ZW 先生，体会到了不同身份所带来的差别：

我大学毕业时进了一家报社，在改制前属于事业单位，单位没有给我解决北京户口，就没有编制，属于编制外用工的形式。和同年进单位、

---

① 陈剩勇：《国有企业“双轨制”用工制度改革：目标与策略》，载《学术界》2012 年第 1 期，第 5—25 页。

有编制的大学毕业生比，我的每月工资以及各种福利都比他们低。刚工作那会儿，还傻乎乎地去问人事部门，一句“你有编制吗？人家是吃财政拨款的”就把我给顶回来了，后来才明白其中的差别。

除了在体制内单位内部和体制外单位内部，北京户口对“北漂”大学毕业生在社保和福利方面的影响不同外，在体制内单位和体制外单位之间，在社保和福利方面也是存在差别的，由于体制内单位的员工绝大多数都是北京户籍人口，而体制外单位的员工绝大多数都是包括“北漂”大学毕业生在内的流动人口，因此，体制内和体制外单位之间的差别，从流动人口的角度来看，也有北京户口带来的影响，尤其是在大学毕业生就业倾向于选择体制内单位的大背景下。韩丹关于体制内和体制外就业者工作满意度的比较研究发现：体制内单位就业者对工资福利保障、同事关系的满意度要高于体制外单位的就业者。[①] 体制内单位在福利保障上的明显优势，对大学毕业生有很大的吸引力，这也就是国有企业、事业单位成为大学毕业生就业时优先选择的重要原因。

北京户口对“北漂”大学毕业生的影响既体现在物质层面，更体现在心理和精神层面；既影响着“北漂”大学毕业生工作、生活和发展的方方面面，也影响着他们的下一代。因此，北京户口之痛，不仅仅是“北漂”大学生自己之痛，也是他们下一代之痛。

---

① 韩丹：《工作满意度：“体制内”和“体制外”就业者的比较研究》，载《社会科学辑刊》2010 年第 6 期，第 42—46 页。

第二节　逃离北京

2010年大学毕业生逃离北上广，2011年大学毕业生又逃回北上广，这两种现象都成为当时媒体关注的热点，也引起了学者对大学毕业生在就业地域选择及其流动上的高度关注。胡小武认为，北上广的高房租和高房价，使得青年白领的生存压力进一步增大，他们在北上广的事业预期、住房预期、婚姻预期和生活成本等愈发呈现负面趋势。但是青年白领们在逃离北上广后，又遭遇到"关系社会""熟人化城市""庸惰性生活方式"等"小城市困境"，最终导致青年白领在"大都市陷阱"和"小城市困境"之间徘徊。① 余潇茜认为：大学毕业生逃离又逃回，是一种人生围城的无奈，真可谓是人生处处是"围城"，无论是在大都市还是二、三线城市，大学毕业生都没有归宿感。②"逃离"与"逃回"说明"北漂"大学毕业生在就业地域的选择上处于一种纠结的状态。

一、为何而逃

从官方统计数据来看，大学毕业生逃离的数量要高于逃回的数量，而且这种逃离既体现在应届大学毕业生期望就业地区的选择上，也体现在"北漂"大学毕业生就业地域的现实和未来的变动上。北京市统计局公布的数据显示，2011年北京市流动人口比2010年减少了60万人，这其中也包含着一定数量的"北漂"大学毕业生。北京高校毕业生就业指导中心的调查显示：北京高校京外生源毕业生期望在北京就业的比例，2011届为64.2%，2012届为

① 胡小武：《候鸟型白领：逃离北上广和"大都市化陷阱"》，载《中国青年研究》2013年第3期，第33—36页。

② 余潇茜：《北上广，我们逃离又逃回》，载《百姓生活》2011年第11期，第18—19页。

66.3%，2013 届为 60.5%。从三年的调查数据看，整体呈现下降趋势，说明北京高校应届毕业生从主观愿望上出现了“逃离”北京的趋势。分析上述两组数据可以看出：大学应届毕业生和“北漂”大学毕业生，无论在主观意愿上还是现实层面上，都出现了逃离北京的现象。

按照“推力—拉力”理论，“北漂”大学毕业生逃离北京，说明北京有促使他们逃离的推力，京外地区有吸引他们去的拉力。北京对“北漂”大学毕业生的推力主要是由“大都市化陷阱”带来的人口膨胀、交通拥堵、城市贫困等“城市病”。朱颖慧认为中国城市有六大症状：人口无序集聚、能源资源紧张、生态环境恶化、交通拥堵严重、房价居高不下、安全形势严峻。[①] 这六大症状在北京也已很明显，如果说这六大症状是显性“城市病”的话，在大都市中，人口的异质性较大，出现与中小城市“熟人社会”相对应的“陌生人社会”，在这种大的社会环境下，再加上北京巨大的工作和生活压力，导致工作和生活的节奏加快，使得人与人之间的交往相对较少，出现人际冷漠的现象，这也是像北京这样的大都市带有的一种隐性的“城市病”。显性“城市病”和隐性“城市病”并存，使得“北漂”大学毕业生在北京不仅承受着巨大的经济压力，而且要承受更大的心理和精神压力。胡小武认为：漂族在北京不可避免地陷入孤独、焦虑和挣扎的心理状态。[②] 京外地区尤其是二、三线城市或者家乡，对“北漂”大学毕业生的拉力，主要体现在相对较小的压力、较为舒适的生活以及“熟人社会”带来的情感上的支持。访谈发现：访谈对象最为羡慕回到家乡同学的就是他们过得比较舒适。

与回家乡工作的同学比较后形成的反差，使得 WDL 先生在遇到挫折时，产生逃离北京的想法：

同学中回到老家的那些人，我感觉他们比我们在北京过得舒服多了，

---

① 朱颖慧：《城市六大病：中国城市发展新挑战》，载《光明日报》2010 年 11 月 7 日，第 11 版。

② 胡小武：《候鸟型白领：逃离北上广和“大都市化陷阱”》，载《中国青年研究》2013 年第 3 期，第 33—36 页。

工作没有什么压力，上班没有多少活要干，根本不用加班，中午还可以回家吃饭，生活节奏也慢，最主要的是，他们不用为房子和吃饭等问题操心，可以在父母家蹭住、蹭吃，结婚时，父母也会给买好房子，根本没有房租或者买房的压力。我们回老家工作的同学，好几个都有车、有房、有小孩了，而我到现在还是单身一个，房和车都不敢想。和同学一聚会，听说这个同学结婚了，那个同学当老板了，还有人当领导了，这个开着几十万的车，那个住着一百多平米的房子，自己心里就不得劲，就在反问自己，何必要在北京硬撑着呢！尤其是心情不好的时候，或者遇到挫折的时候，就会有逃离北京的想法。

“大城市病”使 HYW 先生在北京感觉很累，后来选择了去更加适合自己的南方城市发展：

我大学毕业后去北京闯荡了四年，在一家金融公司工作，单单从工资上看，挣得也挺多的，在公司里也是个部门的小负责人。后来我还是辞职来杭州工作了，之所以辞职，主要是因为我不太喜欢北京这个城市，人太多、交通拥堵，每天挤公交、地铁，上下班路上需要 3 个小时左右，每天都感觉很累。在北京也没有几个朋友，周末都没有个聊天的人，经常是宅在家里，感觉很寂寞。再加上我是南方人，不太适应北京的气候。刚好原来有个客户的公司在杭州开了个分公司，我就主动请缨来杭州了。和北京工作的时候比，我现在感觉很滋润，幸福指数明显要高好多，作为男人，房子、车子、票子、娘子、位子、孩子这“六子”都有了，过得很有尊严。

对于“北漂”大学毕业生个体来说，在比较与权衡北京的推力和京外地区的拉力后，会产生逃离北京的想法，或者采取逃离北京的行动。访谈发现，有逃离想法的访谈对象在谈到逃离原因时，提到的主要有生活成本高、买不起房子、缺乏归宿感、孩子上学、环境污染、羡慕回老家的同学等；已经逃离北京的访谈对象，除了上述原因外，还有就是不喜欢北京这座城市，当然这种不喜欢既有“城市病”的原因，也有气候、文化、饮食等方面的差异。

二、何人在逃

根据美国心理学家勒温的场论，一个人创造的绩效不仅与其能力和素质有关，而且与其所处的环境有关，由于所处环境的个体不可变性，因此，人们通常会转到更适宜自己的环境中去工作，从而产生人才的流动。[①]“北漂”大学毕业生逃离北京，其实就是离开北京这个环境，寻找自己更适合的环境。所以，逃离北京的是那些认为自己不适应北京这个环境，或者京外某个地区环境更适合自己的“北漂”大学毕业生。访谈中发现：高端的、低端的、京外高校毕业的、南方生源的、发达地区生源的、城市生源的、强势家庭背景的、刚毕业不久的、遇到瓶颈的、有过流动经历的“北漂”大学毕业生属于易逃离北京的群体。

从人才层次的角度看，高端人才和低端人才均属于易逃离群体。高端人才因为拥有丰富的人力资本和社会资本，属于人才市场上的紧缺人才，流动会给他们带来更高的个人收益，因此，如果京外地区有更好的发展环境和机会，高端人才会采取主动逃离北京的行动。低端人才则因在人才市场上没有竞争优势，在北京这样一个人才济济的地区，自身会出现对环境的诸多不适应、个人成就感不强等问题，他们会被挤出北京，到京外地区竞争不激烈的人才市场或者更低层次的人才市场上就业，因此，低端人才往往都是被动逃离，在北京发展不顺利而不得已做出了逃离北京的选择。

从高校地域的角度看，京外高校毕业的“北漂”属于易逃离群体。京内高校毕业的“北漂”因为有在北京四年以上学习、生活的经历，他们在大学毕业时已经做过一次就业地域的选择，“漂”在北京的大学毕业生，都是在京外地区没有更好的就业选择，或者适应、喜欢北京这样的大都市的生活和环境，他们在北京有较为丰富的基于“学缘”建立起来的社会资本，因此，北

---

① 叶双慧：《从勒温场论看国企人才流失》，载《武汉冶金管理干部学院学报》2004年第3期，第14—16页。

京高校毕业的“北漂”往往都倾向于坚守在北京，而只有少数人会做出逃离北京的决策。京外高校毕业的“北漂”，北京对他们来说是一个完全陌生的环境，需要他们逐渐去适应，而且自己在北京的社会资本相对较少，能够获得的心理支持相对也较少，因此，在发展不顺利或者遇到挫折后，往往会做出逃离北京的选择。

从生源地域的角度来看，南方生源的、发达地区生源的、城市生源的“北漂”大学毕业生属于易逃离群体。根据人口流动“邻里效应”，“北漂”大学毕业生以北方尤其是北京周边地区高校的大学毕业生为主，当然也会有部分南方高校的大学毕业生来北京闯荡，但是对于南方生源的“北漂”大学毕业生来说，“漂”在北京会面临着气候、文化、饮食等诸多方面的困扰，在这种困扰强烈显现时，往往会有逃离的想法或行动。发达地区生源的“北漂”大学毕业生因为家乡经济比较发达，回家乡也会有很多就业机会和很好的发展，而且在家乡拥有父母、亲戚、朋友等丰富的社会资本，可以从这些社会资本获得许多经济支持和心理支持，因此，他们中的一部分人在北京闯荡一段时间后，会回到家乡工作。城市生源的“北漂”大学毕业生在北京这样的“陌生人社会”艰辛漂泊，无成就后，他们也会回到老家的“熟人社会”谋求发展。

从家庭背景的角度看，强势家庭背景的“北漂”大学毕业生属于易逃离群体。家庭是大学毕业生可以获得经济支持和心理支持的重要源泉，强势家庭背景的“北漂”大学毕业生往往拥有丰富的社会资本，这些社会资本通常在家乡具有很强的资源动员能力，因此，强势家庭背景的“北漂”大学毕业生逃离北京，是因为家庭对他们的决策有重要的影响，父母看到他们在北京发展的艰辛后，往往会奉劝他们回家乡发展。弱势家庭背景的“北漂”大学毕业生因为能够获得的基于“血缘”社会资本的支持比较少，他们属于无路可退的群体，到什么地方都得靠自己，在北京发展虽然压力很大，但是北京相对公平的就业环境给他们通过自己努力获得成功提供了可能。因此，不到万不得已，在没有更理想去处的情况下，他们都不会做出逃离北京的选择。

从发展阶段的角度看，刚毕业不久的、遇到瓶颈的“北漂”大学毕业生属于易逃离群体。刚毕业不久的“北漂”大学毕业生在做出“漂”在北京的就业选择时，有可能感性的因素超过了理性的因素，虽然理想很美好，但是现实很残酷，在骨感的现实面前，他们在北京可能会遇到诸多困难，不仅看不到未来发展的希望，而且会打消他们在北京发展的信心，因此，他们可能会被迫离开北京，到其他地区寻找发展的机会。对于刚毕业不久的“北漂”大学毕业生来说，由于毕业时间不长，在北京没有过多的感情、物质方面的投入，因此，流动的成本相对较低。刚毕业不久的“北漂”大学毕业生遇到的瓶颈包括事业发展的瓶颈、子女教育的瓶颈等，当这些瓶颈性问题无法解决时，他们出于对自己未来、对子女未来负责的态度，往往会做出逃离的抉择。

从流动次数的角度看，有过多次、多地流动经历的“北漂”大学毕业生属于易逃离群体。行为心理学研究表明：行为决定习惯，多次采取某种行为就会形成一种习惯。对于有过多次、多地流动经历的“北漂”大学毕业生，地域间流动会成为他们的一种习惯，因此，在一个地方发展遇到困难或感觉不顺时，他们会习惯性地采取流动的方式来解决遇到的问题。有过多次、多地流动经历的人，一方面通过以前的流动解决了曾经遇到的问题，或者实现了自身的升值，因此，流动给他们带来了“正效应”，这种“正效应”反过来会强化他们的流动行为；另一方面通过多次流动，锻炼和提升了他们适应新环境的能力，因此，会进一步降低他们流动的隐性成本。

另外，从资产和婚姻的角度看，没有固定资产、未婚的“北漂”大学毕业生易逃离，因为这类“北漂”大学毕业生来去都无牵挂，流动的成本相对较低。从性别的角度看，男性“北漂”大学毕业生易逃离，因为按照中国传统观念，男性往往以事业为重，好男儿志在四方，他们通常会选择最适合自己事业发展的地方去工作。而女性可以通过婚姻来寻找自己的归宿，尤其是在男女比例失调、婚姻挤压的大环境下，女性“北漂”大学毕业生在婚姻市场上比男性“北漂”大学毕业生有优势，因此，相对比较容易找到自己的配偶，进而两个人在北京相互支持、共同奋斗、共克困难。

DYW 先生来自经济发达的温州，在北京未成家，时常有回家乡工作的想法：

我大学毕业时，爸爸托了个亲戚，给我在北京找了个工作，虽然我在这个公司的发展还是蛮好的，但是没有户口，办好多个人的事情都不太方便，而且在北京心里也没有安全感。自己一个人在北京，又没有对象，爸爸妈妈的年龄也大了，我爸妈就我一个孩子，也需要我照顾，但是我在北京，他们在温州，实在不太方便，他们也不会来北京，因为不太适应，所以我经常有回家的冲动。开始有回家想法时，给爸妈说他们不同意我回去，现在再给他们讲，他们好像也没那么坚持了，所以从长远来看，我有可能会回到温州工作，而且我现在做的机械维修工作在温州也有很大需求的，所以回去找个事做很容易，挣钱也不是太难，只要自己努力就行。

YHY 女士是南方人，喜欢南方人的生活方式，有未来离开北京的想法：

我和老公从长沙到北京工作，并没有在北京定居的想法。因为我老公是广东人，当年他是想去深圳工作的，但是我不太想去深圳，所以他就随着我来了北京，我们两个人的五年计划就是在北京闯闯，好好干，站住脚，现在看，这个目标已经实现了，在北京有了我们的房子，也生了孩子。但是十年后，我们也许会去南宁、深圳这样的南方城市去生活，虽然来北京有四五个年头了，我还是不太喜欢北京这样紧张、忙碌的工作和生活，我这人比较喜欢南方人那种比较有情调的、悠闲的生活方式。

主动逃离北京的“北漂”大学毕业生都是有退路的，他们中有的人可以凭借自己的人力资本和社会资本在新的地方找到一份更加适合自己的工作；有的人可以依靠自己的学缘、血缘所掌握的社会资本在家乡谋得一份不错的工作；有的人在北京有了一定的积累后，去一个自己向往的地方过自己向往的生活，总之，他们都是有路可退的。被动逃离北京的“北漂”大学毕业生是因为在北京看不到发展的希望和前景，只能去京外地区另谋生路，当然他们到新的地方开始新的工作和生活，可能也会很辛苦，但是相对于北京来讲，压力应该相对会小一些，所以权衡后才会做出逃离北京的决定。

三、逃往何处

“北漂”大学毕业生逃离北京，会面临又一次就业地域的选择，这种选择在北京、生源地及二、三线城市、母校所在地和以沿海城市为代表的发达地区之间进行，这种选择是权衡目标地区之间的推力、拉力以及自己拥有的社会资本、人力资本情况的结果。因此，“北漂”大学毕业生可以退往的地方主要有二、三线城市，生源地、母校所在地、沿海城市等四类。

（一）二、三线城市

随着“西部开发、东北振兴、中部崛起”等国家统筹区域协调发展战略的实施，二、三线城市的经济、社会等各个方面都有了很大的发展。二、三线城市的大发展给大学毕业生提供了更多的就业机会，其较小的人才竞争压力和较低的成活成本，为大学毕业生提供了较为宽松的发展和生活环境，使得他们更容易达到安居乐业的状态。中国人民大学中国就业研究所公布的就业竞争指数显示：2009 年，一线城市为 0.99，二线城市为 0.90；2012 年，一线城市为 0.97，二线城市为 0.89。两年的数据均说明二线城市的就业环境总体好于一线城市。智联招聘公布的数据显示：在人才需求上，2009 年一线城市与二线城市劳动力需求之间的比例为 1.38 ∶ 1；2010 年，一线城市与二线城市劳动力需求之间的比例为 0.99 ∶ 1。这说明二线城市对劳动力的需求已经超过了一线城市。二、三线城市大量的人才需求和较小的就业竞争压力，给大学毕业生提供了更多、更好的展现自己才能的空间和机会，不仅有利于他们的个人发展，而且更容易得到认同，增强他们的成就感和归宿感。

来自甘肃农村的 WF 先生，把西安作为将来逃离北京后的首选地：

我家是甘肃农村的，甘肃本身就很落后，更不要说农村了。家里祖祖辈辈都是农民，也没有什么关系，父母还希望我大学毕业后能够挣钱、当官，光宗耀祖，改变家里贫苦的境况，所以我不可能回到甘肃靠家里托人给我安排工作了，只能靠自己努力，在外打拼。回去就是给父母丢脸，村里的人会认为是在外边干不下去回家了，会觉得我这大学是白上了，不光我抬不起头，家里人也跟着我抬不起头。如果将来在北京实在混不下去的话，我会去西安，西安和甘肃都属于西部，一方面在风土人情上有相近之处，另一方面西安是西北最发达的地方，我想找一份工作还是比较容易的，而且自己和家里人在面子上都过得去。

二、三线城市是许多“北漂”大学毕业生逃离北京后可以选择的、非常重要的就业目的地，尤其是那些生源地为县级及以下地方的大学毕业生和落后地区的大学毕业生。对于县级及以下地方生源的大学毕业生而言，因为家乡地方小、就业机会少，再加上“关系社会”“熟人社会”所带来的束缚，会给他们带来一些生活和心理上的困扰，因此，出于情面和自尊的需要，他们通常也不愿意回到家乡去工作。二、三线城市因为就业机会多，人才缺乏，工作、生活环境好，大学毕业生可以依靠自己的努力获得工作机会和发展机会，既避免了北京这样的大都市所带来的工作、经济、生活、心理等方面的巨大压力，也避免了家乡“熟人社会”带来的压抑，因此，二、三线城市成为他们“逃离”北京后重要的目的地。落后地区的尤其是落后地区县级及以下地方的“北漂”大学毕业生，上大学就是要摆脱家乡艰苦的环境，实现人生的向上流动，因此，通过考大学出来之后，他们中的绝大多数人都不可能再回去工作。在被迫逃离北京后，二、三线城市就成为他们的不二选择。

（二）生源地城市

生源地是大学毕业生就业选择时，除一线城市特别是北上广之外的首选目的地。北京高校毕业生就业指导中心的调查显示：2011—2013 届北京高校毕业生在期望就业地域的选择上，选择北京的占比最高，排在第二位的就是生源地。不仅应届大学毕业生把生源地作为一线城市之外的首选就业地域，访谈发现：在谈到如果将来要离开北京，会到什么地方去发展时，城市生源的“北漂”大学毕业生也把回家作为首选。之所以会出现这种现象，一是因为情感和家庭的因素。他们“漂”在北京，不仅在北京找不到归宿感，而且心里很孤独，而家乡是他们漂泊心灵的最终归宿，他们对家乡有更高的认同和更强的归宿，回到家乡工作，可以获得更多的心理支持，因此，从寻找归宿感，结束心理漂泊的角度来看，家乡是他们的心灵归宿处。二是因为社会资本的因素。"北漂"大学毕业生最原始的社会资本，就是他们的父母、亲戚、朋友，他们大学毕业时之所以选择了"北漂"，除了因为年轻想在北京闯闯外，另外一个重要的原因就是他们的原始社会资本没有发挥出来作用，尤其是在家乡之外的地方没有发挥出来作用，不能帮助他们实现正规就业。但是这类社会资本是有可能在家乡发挥出来作用的，因此，当"北漂"大学毕业生想结束自己的漂泊状态，决定逃离北京时，就会通过这类社会资本给自己找一份相对比较安稳的工作。

来自城市的ZLL女士，把省会城市成都作为逃往的地方：

> 在北京发展是很辛苦，特别是像我这样的南方人，不光要承受工作和生活上的压力，还要承受气候、饮食、文化等方面的南北差异给我带来的困扰。如果将来我要离开北京，我一定会回到成都，我家是四川攀枝花的，有好多亲戚、朋友都在成都，成都这几年发展也是挺快的，找工作应该不是难事，爸爸妈妈也希望我能回到成都工作，他们再过几年就退休了，退休后他们可以把老家房子卖了，到成都去住，这样相互也有个照应。从内心来讲，我很向往成都人那种吃麻辣小龙虾、喝竹叶青、打麻将的休闲生活，感觉他们过得很自在。

生源地城市可以分为三个层次。第一层次的城市是生源所在省的省会城市，是回生源地发展的"北漂"大学毕业生的首选目的地，这类城市一般都是二、三线城市，除了符合二、三线城市吸引"北漂"大学毕业生的优势之外，更重要的是"北漂"大学毕业生更容易在省会城市找到归宿感，因为他们也属于该省的人，地域身份的内群体偏爱会给他们更多心理上的支持和自尊感。第二层次的城市是生源所在地的地级城市，是家庭社会资本适当延伸后能够发挥作用的"北漂"大学毕业生的目的地。第三层次的城市是生源所在地的县级城市，是家庭社会资本能够直接发挥作用的"北漂"大学毕业生的目的地。“北漂”大学毕业生逃回到第二、第三层次的城市，通过家里的关系可以找到一份稳定的工作，过上比较舒适的生活。当然，现实中也会有极少数“北漂”大学毕业生逃回农村，因为农村没有什么非农就业机会，因此，他们通常都是回到农村自主创业。

（三）母校所在地

母校是大学毕业生的第二故乡，因此，母校所在的城市在大学毕业生心目中就好比自己的“家乡”。“北漂”大学毕业生逃离北京后，逃到母校所在的城市，与他们逃回生源地的原因是相类似的：一是因为情感因素，母校、同学、校友、老师可以给他们一定的心理支持；二是因为社会资本因素，他们可以获得基于“学缘”的大量社会资本的支持。通常省会以上城市的高校，其毕业生在毕业时会把高校所在城市作为一个重要的就业选择地，因此，高校所在地城市会成为除北上广等一线城市之外毕业生集聚程度较高的就业城市。对于基于“血缘”社会资本不强的“北漂”大学毕业生，如果他们回到生源地发展也无可依托的社会资本的话，往往会找社会资本相对较强的地方去发展，而母校所在地是他们基于“学缘”社会资本比较丰富的地方，因此，他们会把母校所在地作为一个重要的逃往目的地。

（四）沿海城市

搜狐网“逃离北上广”专题中关于“离开北上广，路在何方？”的网络调查显示：二线城市、沿海城市、老家分列前三位。从中也能看出沿海城市是“逃离北上广”漂族选择的一个未来发展的重要目的地。东部沿海城市之所以会成为应届大学毕业生和往届大学毕业生就业选择的心仪地之一，是因为沿海城市不仅经济比较发达，有较多的就业机会，而且环境宜人、气候清新，属于比较宜居的城市，沿海城市这种较强的提供就业岗位、发展机会和宜居环境的能力，对人才的吸引力比较大。

另外，“北漂”大学毕业生中的高端人才，因为在业内有一定的影响力，在人才市场上有较强的竞争力，他们在发展地域的选择上自由度比较大，主动逃离北京后，可选择的退路也比较多，除了以上四类外，还有两条路可选择，一条路是去其他一线城市发展，如上海、广州、深圳等地；另一条路是去境外发展，尤其是外资企业中的“北漂”大学毕业生，因为公司会给他们提供到境外公司交流、工作的机会，部分人会到境外去工作，甚至移民境外。

第三节　坚守在北京

逃离北京的大学毕业生数量，相对于上百万的“北漂”大学毕业生队伍来讲，毕竟是少数，而且逃离的都是有退路的人，或者有更好、更适合自己发展的新环境的人。与逃离相伴的逃回现象的出现，说明“北漂”大学毕业生逃到二、三线城市或者家乡，出现了“小城市困境”所带来的诸多不适，这种不适进一步强化了他们对北京优势的怀念和向往，所以在权衡之后，才毅然决定逃回北京。逃回北京现象对“北漂”大学毕业生来讲，就是现实的经验和教训，这会促使一些有逃离北京想法的人放弃这种想法，进而坚定他们在北京奋斗的信念。所以，对“北漂”大学毕业生来讲，坚守北京是主流，逃离北京是支流，逃回北京是插曲。

一、坚守者的群体特点

“北漂”大学毕业生中的坚守群体主要分为两大类。

一是无退路的“北漂”大学毕业生，包括社会家庭资本较弱的、个人人力资本不强的“北漂”大学毕业生。家庭社会资本对子女的发展有重要的影响，尤其是在中国这样一个讲究关系的社会，不仅影响着子女享受高等教育，而且影响着子女就业。家庭社会资本较弱或者匮乏的大学毕业生，在毕业时就已进行过一次权衡和选择，对于绝大多数人来说，“北漂”是他们无奈的选择，是没有退路可选，既然毕业时选择了“漂”在北京，他们通常都会坚守在北京，为出人头地、为实现梦想而奋斗着。家庭社会资本较弱的“北漂”大学毕业生不仅肩负着自我实现的重任，而且还肩负着改变家庭资本状况的重任。父母为了他们上大学，有可能是倾其所有，甚至是欠有外债，大学毕业后，他们不能再向家庭索取，只能以自己的成就回报父母，而且父母往往也会对他们寄予厚望。人力资本对大学毕业生的就业选择有直接的影响，人力资本越强，选择的自由度越大，对于职业刚刚起步的“北漂”大学毕业生来说，他们还处于知识向人力资本的转化以及通过实践积累人力资本的阶段，因此，人力资本的优势尚不具备，去京外地区就业也没有太明显的竞争优势，他们只能在实践中不断学习、不断积累，提升自身的人力资本。

二是不想逃离的“北漂”大学毕业生，主要是从情感上喜好北京这座城市，习惯了北京大都市的生活方式，到二、三线城市或者家乡会有诸多不适应。这类“北漂”大学毕业生既可能是在北京发展比较顺利、取得一定成就的人，也有可能是工作一般、生活困苦的人；既有可能是来自发达地区、家庭社会资本非常丰富的人，也有可能是来自落后地区、家庭社会资本较弱的人；既有可能是在北京已经成家置业的人，也有可能是在北京租房的单身；既有可能是北京高校毕业的“北漂”，也有可能是京外高校毕业的“北漂”。无论哪一类“北漂”大学毕业生，他们心中都有一个美好的人生梦想，为了实现梦想，他们在北京坚守着。之所以会坚守，是因为在他们的认识中，北京有更多的发展机会和更大的发展平台，北京较为公平、公正的竞争环境为他们成功提供了更大的可能性，而且他们坚信只要经过自己的努力，成功路上遇到的各种困难都能克服。

发展顺利的 ZZW 先生，对自己在北京未来的发展充满信心：

> 我感觉自己在北京的发展比较顺利，而且变得越来越好，事业上在同龄人中也算得上是比较成功的，生活中房、车等该有的都有，情感上也成了家、有了孩子。就我现在的发展状况，在我们本科同学中也属于比较拔尖的了，同学聚会，有好多人都很羡慕我。我认为这只能代表过去，只能说我以前的各种设想已经实现了，离我对自己未来的定位还有差距。但是过去的成功给了我继续在北京发展很大的自信，使我认识到自身能力并不差，只要努力还是能取得更大成就的。

WHB 先生在北京为自己的理想而奋斗，从艰辛中收获过成功带来的乐趣：

> 在北京这么多年，我觉得我的思想越来越成熟、心理不再浮躁，现在不像刚毕业那会儿那么“愤青”了，自己逐渐看淡了许多事情，而且也学会了平衡生活和工作，自我调节，给自己减压，生活也越来越有规律，现在的生活比上不足、比下有余。如果说压力的话，都来源于工作，都是自己跟自己过不去，这种过不去也是一种良知吧！上了这么多年学，父母为我付出了很多，我得对得起父母的培养，对得起自己的努力，让父母过上好日子。虽然在北京的压力很大，但是我觉得年轻人有压力并不可怕，可怕的是没有目标、没有理想，我这么多年在北京很辛苦，但是为自己的理想奋斗，再苦再累都无所谓，苦中有点滴收获带来的乐趣。

无论是无退路还是不想逃离的“北漂”大学毕业生，他们都有一个共同的特点：乐观、自信、坚强、勤奋、担当。乐观体现在能够客观评价在北京经历过的或者正在面临的各种困难，没有太多的抱怨；自信体现在对自己的能力和未来发展的趋势有正确的认知，没有太多的自卑；坚强体现在能够忍受并克服发展过程中遇到的各种困难，没有被困难打倒；勤奋体现在不辞辛苦地工作之余，还挤出时间学习、培训，给自己充电；担当体现在对个人负责、对家庭负责。正是这样一些品质，为“北漂”大学毕业生在北京的发展提供了强大的精神动力。

二、坚守者的发展路径

“北漂”大学毕业生要结束自己“漂”在北京的状态，或者降低自己在北京的心理漂泊感，主要有以下四条路径。

一是通过事业发展提升社会地位。“北漂”大学毕业生由于受过高等教育，具有较强的人力资本，为自己在北京的发展和事业成功奠定了基础，只要自己努力，通常都能取得一定的成就。因此，在北京户籍制度及与户口挂钩的各种政策不可能完全放开的情况下，事业上的发展是“北漂”大学毕业生提升自己社会地位，降低自己在北京的心理漂泊感的一条主要路径。事业上有所成就后，可以为他们在北京发展、生活提供经济上的支撑，有了一定的经济实力就可以在北京置业成家，逐步减少强化他们“北漂”身份的因素。随着社会地位和生活品质的提升，“北漂”大学毕业生在北京的尊严感也会提升。

二是通过婚姻在北京找到家的感觉。婚姻对于“北漂”大学毕业生来说，可以给他们漂泊的心找到港湾，因此，婚姻是结束“北漂”状态或者降低漂泊感的一条重要路径。访谈发现：部分“北漂”大学毕业生之所以要坚持“漂”在北京，是因为其对象在北京解决了户口问题。通常情况下，女性“北漂”大学毕业生较容易通过婚姻来结束“漂”的状态，主要有三种情况。第一种是大学期间的恋人，其中一人毕业时在北京找到了解决户口的工作，另一人虽然在北京没有解决户档关系，但是为了爱情“漂”在北京。第二种是女性“北漂”大学毕业生嫁给北京本地男性，这种情况通常是女性在相貌、能力等方面有特别优势，或者北京本地男性条件一般或者不是太好。第三种是女性“北漂”大学毕业生嫁给有北京户口的外地进京男性，这种情况以家庭经济条件不是太好的外地在京落户男性较为普遍，按照“门当户对”“男强女弱”的传统文化，这类男性与北京本地女性、外地进京女性相比，没有太多优势，一般倾向于选择较为优秀的“北漂”女大学毕业生作为自己的配偶。

LXY 女士为了爱情选择“漂”在北京，并与有北京户口的男友对未来有规划：

> 我在大二的时候，和我们学院高我一年级的一个师兄确立了恋爱关系，两个人的关系一直都很好。他毕业后去北京郊区当了村官，干了两年后解决了北京户口，而且在一个事业单位落实了工作。我毕业那年，男朋友也希望我能够留在北京工作、在北京发展，而且家里也很支持我在北京工作，因此我根本没有考虑过要去外地找工作，就是要在北京找一个工作，和男朋友在北京发展。在北京工作三年多以来，虽然我的工作单位、收入水平都不是太理想，但是我还是会坚持在北京发展下去，主要原因是男朋友对我很理解、很支持，而且我们两个对未来买房、结

婚都已有规划，他有北京户口，将来可以买保障房，买车、孩子上户口和上学等都不会受影响。

BJY 女士嫁给了有北京户口的大学毕业生，并通过夫妻两地分居政策解决了自己的北京户口：

我是在北京工作了四年后，经人介绍认识了我老公。当时，我和我老公都快三十了，算是大龄青年，再加上都是从农村出来的，聊起来有许多共同语言，彼此对对方在北京工作、生活的艰难和感受都能理解，因为彼此感觉较好，就处上了，处了不到两年就结婚了。没结婚前，每年最发愁的就是春节回家，一回家爸妈、舅舅等人就问对象的事，就说让我回家找个工作，从家那边找个对象结婚，动摇我在北京发展的信心，看到父母的心愿久久不能了结，再加上自己在北京的发展并不是太好，我也多次出现放弃的念头。结婚后，虽然自己还是没有北京户口，工作还是原来的工作，也不是机关、事业单位这类正规单位，但是和之前相比较，自己心里还是觉得很踏实，毕竟我在北京建立了属于自己的家，随着我们两个在北京买了房、有了孩子，这种感觉越来越强。我们结婚三年后，由于我老公是事业单位公职人员，北京市有解决夫妻两地分居的政策，我老公就把我的户口也调到北京了，结束了我在北京“漂”的状态，我也成了有北京户口的北京人。

嫁给了北京本地人的 ZLL 女士，从老公和孩子身上找到了家的感觉：

我老公是老北京人，家里就他一个男孩，家里的条件虽然在北京算不上很好的，但是和我们这些外地人相比，也是属于那种可望不可及的。我们两个原来在一个单位工作，工作中接触比较多，彼此很有好感。说句内心话，我和他交往，除了工作接触中感觉这个人比较厚道外，他北京人的这个身份我也很看重。他和我交往，我分析除了彼此的感觉好外，主要是我长得漂亮，不谦虚地说，当时我在单位那就是一朵花，有好多仰慕我的男士。对于我们的交往，他父母开始强烈反对，后来看反对也没用就答应我们结婚，但是内心一直就不是太愿意，因为我是外地人。结婚对我就意味着在北京有了家，后来我们有了孩子，从老公和孩子身上体会到了更多家的温暖。

现实中也不排除有部分男性“北漂”大学毕业生与有北京户口的女性结婚的现象，因此，“北漂”大学毕业生与有北京户口的人通婚，利用北京市解决夫妻两地分居或者夫妻投靠等户籍政策，把自己的户口调到北京，进而结束自己的“北漂”状态，这种“男女驸马”现象在“北漂”大学毕业生群体中毕竟是少数，绝大多数“北漂”大学毕业生还是在“北漂”群体内部通婚，虽然不能结束“北漂”状态，但是结婚后两个人相互之间提供经济上、心理上的支持，可以适当降低他们在北京的“漂泊感”。

三是通过提升学历结束在北京“漂”的状态。“北漂”大学毕业生由于有较好的学历背景，进一步提升学历成为部分人想要结束“北漂”状态的一种重要选择。“北漂”大学毕业生提升学历有三种形式。第一种是全日制研究生，对于家里能够给予一定经济支持，或者自己有一定经济积累的“北漂”大学毕业生，他们会辞掉工作全心备考、上学，或者边工作边备考，考上后辞掉工作上学。上完学后，以应届毕业生的身份在北京重新就业。随着北京对毕业生“进京”指标的控制越来越严、条件要求越来越高，尤其是2013年北京市对应届毕业硕士研究生、博士研究生的年龄提出明确要求后，有“北漂”经历的大学毕业生通过这种形式结束“北漂”状态的难度在加大。因为在北京“漂”几年后再上研究生，从年龄上会超过北京市年龄上限的要求。第二种是在职研究生，对于单位在高层次人才引进方面有优惠政策的“北漂”大学毕业生，会通过在职读研究生的形式提升自身学历，然后通过有关政策解决北京户口。根据北京有关人才引进的政策，一般只有在体制内单位就业的“北漂”大学毕业生有可能通过在职研究生这一形式来结束自己在北京“漂”的状态。但是，在体制内单位就业的“北漂”大学毕业生一方面在数量上毕竟是少数，另一方面指标有限、供大于求，所以解决的难度也比较大。第三种是境外留学，经济条件较好的“北漂”大学毕业生会去境外留学，提升自身的人力资本，然后利用北京市对留学归国人才的有关政策在北京就业，结束在北京“漂”的状态。对于绝大多数“北漂”大学毕业生，由于其家庭经济条件都很有限，再加上在“北漂”起步阶段收入水平不是太高，因此，通过这一形式结束“北漂”状态的只能是那些家庭经济条件较好，或者个人在北京发展比较好的“北漂”大学毕业生，因为去境外留学需要花巨额的费用，这不是一般家庭和个人所能承担的。

ZZW 先生通过提升学历，根据央企的人才引进政策，有望解决自己的北京户口：

> 我是 2011 年在职读的 MBA，2014 年就能毕业了，毕业后可以根据央企的有关政策，把自己的户口迁到北京。上 MBA 对我来说，一方面是为了自己未来事业发展的需要，另一方面就是为了解决自己的北京户口。我毕业来这单位就业时，人事部门就告诉我，毕业时解决不了户口，以后还有机会解决户口，所以我就把上 MBA 纳入了我发展的规划。解决北京户口后，就可以解决我和家庭的后顾之忧，安心于事业上的发展。

四是通过积分落户政策解决北京户口。《北京积分落户管理办法（试行）》已公布，其中“教育背景指标”赋予了很高分值，对高学历“北漂”大学毕业生解决北京户口提供了新的路径。随着这项政策于 2017 年 1 月 1 日开始推行，会有一些“北漂”大学毕业生解决北京户口，结束在北京“漂”的状态。

由于个人的天赋、资源和机遇的不同，现实中采取的路径会存在差异，也会出现除以上四种路径之外的其他路径，如通过“公开招聘”“公务员招考”等途径，进入体制内单位就业。无论采取何种路径，坚守在北京的“北漂”大学毕业生一定会随着在北京工作、生活时间的延长，随着个人事业的发展以及置业成家，逐步强化在北京发展和定居的意愿，并逐步提升对北京的认同感和归宿感。

第六章　结论与思考

“北漂”大学毕业生已经受到社会公众和学术界的很大关注，但有关这一社会群体的研究还不够深入。本研究以定性研究为主要方法，辅之以二手文献研究，讨论“北漂”大学毕业生形成的制度、政策因素和经济、社会背景，考察这一社会群体的需求层次、身份认同倾向、在京生存压力，重点分析“北漂”大学毕业生的“逃离”和“坚守”两种行为。通过访谈24位“北漂”大学毕业生，对受访者的亲身经历和感受进行了记录、整理和加工，形成了比较丰富的定性研究资料。在此基础上，以“解释性理解”为主要取向，讨论了“北漂”大学毕业生的不同状况、生存、发展过程和最后结果或可能的去向。研究显示：“北漂”大学毕业生是一个动态的群体，他们所面临的经济、社会环境和机会结构大致是相同的，但由于不同个体的背景、特质和偏好等方面的差异，在北京“进”与“出”、“坚守”与“逃离”的人生选择上表现出很大的区别。正是在这样的结构制约和个人能动性的双重作用下，“北漂”大学毕业生群体成为一个可观察、持续的社会现象。

第一节　主要结论

一、“北漂”大学毕业生大量出现的原因

“北漂”大学毕业生的大量出现，从制度、政策层面讲，主要有四方面的原因。第一，就业政策的变革。在打破了旧的统包分配制度之后，“自主择

业”为高校毕业生流动到北京地区就业扫除了制度上的障碍。第二，高校扩招。高校毕业生数量的大幅增加、非正规就业比例的提升，最终使更多大学毕业生加入流动人口的行列。第三，北京高校对学生的吸引力。北京地区高校由于其区位优势和高等教育资源优势，成为许多考生和家长填报高考志愿时的首选，许多考生和家长宁可放弃生源省份或者京外其他地区的好学校不上，降低对学校、专业的要求，也要来北京上大学。从家长的角度看，许多家长把孩子送到北京上学，就是希望孩子毕业以后能够留在北京工作，再加上在北京上大学的过程中，逐步对北京产生了情感上的依恋，进一步强化了他们在毕业时留在北京就业的主观意愿。第四，进京政策的限制性作用。北京市不仅对于大学毕业生的引进，从学历、学校和专业、年龄等方面设置了限制性条件，而且还有严格的指标数量限制和审批程序，一边是高校毕业生流动到北京就业热情的持续高涨，一边是进京的门槛逐步抬高、难度逐步加大，最终导致“北漂”大学毕业生的大量出现。

二、大学毕业生“漂”在北京的思想动机

与生存型流动人口的农民工相比较，“北漂”大学毕业生属于典型的发展型流动人口。根据马斯洛的需要层次理论，“北漂”大学毕业生在做就业选择时，是根据自己的需要尤其是占支配地位的需要做出决策的，生理需要是弱势家庭背景的“北漂”大学毕业生毕业时的主导需要；安全需要体现在就业选择过程中考虑工作稳定程度、社会保障到位程度和就业权益保护等方面；情感需要体现在基于学缘建立起来的社会资本对就业选择的影响上；尊重需要体现在用人单位评价、家庭期望、个人期望等方面；自我实现需要是大学毕业生的主导需要，把“能发挥自己的才能”作为就业选择的首要标准。根据理性选择理论，大学毕业生选择“北漂”，既参考了情感、惯例、意志、梦想等非理性因素，也运用了理性直观、理性思维对自己获得的就业资源进行综合分析，最终的就业选择应该是自己认为最满意的，至少在当时是最为满意的。根据社会资本理论，“北漂”大学毕业生就业时从血缘或乡缘得到的支持相对比较弱，在职业起步阶段，基于学缘的社会资本发挥了重

要作用，在人力资本积累到一定阶段后，基于业缘的社会资本的作用逐步凸显，替代基于学缘的社会资本对“北漂”大学毕业生发展或工作变动的影响。根据人口流动理论，“北漂”大学毕业生是在就学流动基础上的就业流动，就学地对大学毕业生就业地的选择有直接影响，就学地不同的“北漂”大学毕业生选择“漂”在北京的情感因素会有一些差异。就学地在北京的高校毕业生，选择留在北京工作的情感因素主要是因为在北京学习、生活了四年甚至更长时间，已经适应并习惯了北京的生活方式和文化氛围。

三、“北漂”大学毕业生的身份认同

从户籍身份角度分析，根据社会群体理论，“北漂”大学毕业生个体对该群体存在内群体偏爱现象，发展比较顺利的人给予了“乐观、自信、勤奋、向上、坚定、奋斗、闯劲”等正向评价，发展不顺的人给出了“迷茫、底层、艰辛”等中性甚至是负向评价。对北京人存在外群体贬损和外群体偏爱并存现象，“北漂”大学毕业生尤其是学习好的、农村生源大学毕业生，对外地生源、解决北京户口的大学毕业生的感情是复杂的，可以用“嫉妒、羡慕、恨”来形容。“嫉妒”对方解决了北京户口，“羡慕”对方工作好、福利好、压力小，“恨”社会不公平。另外，大众传媒对“北漂”的报道也会唤起和强化“北漂”大学毕业生对该群体的身份认同。

从地域身份角度分析，在家乡人和北京本地人的眼里，“北漂”大学毕业生处于“双重边缘人”的状态，出现地域身份认同的强主观意愿和弱社会融入的现象，“北漂”大学毕业生虽然对北京有较强的认同意愿，但是户口及其附带的权益在现实中不时地会唤起他们外地人的身份，致使“北漂”大学毕业生地域身份认同的结果远远低于他们地域身份认同的主观意愿，认同结果和认同意愿的较大反差使得“北漂”大学毕业生往往在北京找不到归宿感，他们的心在北京始终处于“漂泊”状态。“北漂”大学毕业生无法从北京这座城市和工作中找到归宿感，就会退而求其次，而故乡和父母所在的老家就成为他们心理归宿的最佳选择。“北漂”大学毕业生由于在北京没有“根”，内心深处的归宿地又远在老家，所以他们会寻找自己在北京的精神寄托，而他们往往倾向于根据学缘找精神寄托。“北漂”大学毕业生通常采取和同学、校友合租的形式居住，北京高校毕业的“北漂”往往习惯于在母校周边租房居住，这样可以寻求到精神上和心理上的寄托，让自己找到一种“熟悉”的感觉。

四、“北漂”大学毕业生的生存状态

“北漂”大学毕业生在北京难以做到“居者有其屋”，租房是他们最主要的居住方式，而且绝大多数“北漂”大学毕业生都采取合租的方式，合租的对象通常是基于学缘关系而认识的人，绝大多数以同学或校友为主。能够买得起房的“北漂”大学毕业生是极少数，高房价和高房租成为“北漂”大学毕业生扎根北京的最大阻力。“北漂”大学毕业生的生活“孤岛化”，他们的人际交往圈子相对较小，一般都是以同学、校友、同事、客户为主，和北京本地人的接触相对较少，尤其是与社区中的北京本地人的接触就更少了，出现了“北漂”大学毕业生与北京本地人交往上的心理与现实“隔离”。“北漂”大学毕业生在消费上属于“月光族”，与房子有关的房租或月供等开支是他们最主要的一项固定开支，随着通货膨胀，他们在北京的生活成本日益增加，部分人还需要父母接济才能维持在北京的生存。“北漂”大学毕业生的压力比山大，他们的压力主要来源于自身和社会两个大的方面。从自身角度讲，“北漂”大学毕业生会面临住房、生活、情感和家庭、事业等方面的压力，随着年龄的增长，情感和家庭的压力会逐步增加。从社会角度讲，日益提升的生活成本，尤其是北京高企的房价，使得租房的“北漂”大学毕业生不仅要承受高额房租，而且要承受预期买房所带来的巨大的经济压力和心理压力。“北漂”大学毕业生的压力变化一般也有其规律性，刚毕业时主要是生存压力较大，随着工作时间的推移，人力资本和社会资本积累到一定程度后，出现了生存压力逐渐让位于生活压力的现象，但是经济压力、工作压力始终都处于高压态势，房子和婚姻是压在“北漂”大学毕业生身上的两座大山。

五、"北漂"大学毕业生的发展选择

北京户口是"北漂"大学毕业生心中永远的痛，北京户口对"北漂"大学毕业生的影响呈现"先弱后强""内外有别"的特点。在参加工作的最初几年，因为没有买房、买车、结婚、育儿等方面的需求，北京户口对他们的影响主要体现在社会保障方面，因北京地区劳动力市场管理比较规范，北京户口对社会保障的影响相对不是那么明显。随着他们经济条件达到一定程度后，开始出现了买房、买车、成家、育儿等方面的需求，此时北京户口的影响就凸显出来了。在体制外单位内部，北京户口在社保和福利方面对"北漂"大学毕业生没有什么影响；在体制内单位内部，因为户口、编制等问题，在用工形式上存在一定的差异，进而对不同身份和用工形式的员工的福利待遇产生一定的影响；而在体制内和体制外单位之间，社保和福利方面也存在差别。

"北漂"大学毕业生因生活成本高、买不起房子、缺乏归宿感、孩子上学困境等压力，以及环境污染、交通拥堵、人口膨胀等"城市病"而选择"逃离"北京。高端人才、低端人才、京外高校毕业的、南方生源的、发达地区生源的、城市生源的、强势家庭背景的、刚毕业不久的、遇到瓶颈的、有过多次多地流动经历的、没有固定资产未婚的、男性的"北漂"大学毕业生属于易逃离群体。主动逃离的都是有退路的，被动逃离的是在北京看不到发展的希望和前景，只能去京外地区另谋生路的。"北漂"大学毕业生可以逃往的地方主要有二、三线城市、生源地、母校所在地、沿海城市等四类，"北漂"大学毕业生中的高端人才在发展地域的选择上自由度比较大，既可以去上海、广州、深圳等一线城市发展，又可以去境外发展。对"北漂"大学毕业生来讲，坚守北京是主流，逃离北京是支流，逃回北京是插曲。坚守群体包括家庭资本较弱的、人力资本不强的无退路"北漂"大学毕业生，以及从情感上喜好北京这座城市、习惯了北京大都市的生活方式，到二、三线城市或者家乡会有诸多不适应的不想退的"北漂"大学毕业生，无论是无退路还是不想退的"北漂"大学毕业生都有一个共同的特点：乐观、自信、坚强、勤奋、担当。坚守在北京的"北漂"大学毕业生主要通过事业发展来提升社会地位、通过婚姻在北京找到家的感觉、通过提升学历结束在北京"漂"的状态、通过积分落户解决北京户口。无论采取何种路径，坚守在北京的“北漂”大学毕业生，一定会随着在北京工作、生活时间的延长，随着个人事业的发展以及置业成家，会逐步强化在北京发展和定居的意愿，会逐步提升对北京的认同感和归宿感。

第二节　研究创新

本研究在参照相关文献的基础上，力求对“北漂”大学毕业生进行深入、系统的研究，提升有关这一社会群体研究的知识积累。过去的文献多为一般性讨论，辅之以一些定量的描述，缺乏有关这一群体的多视角说明和解释。与现有研究相比，本研究在方法和理论思路上形成了自己的特点，呈现一定的创新性。

第一，这是一个以定性方法为主的研究。现有研究或以议论为主，或通过问卷调查来形成定量数据。议论性研究有助于开拓思路，引发社会各界的关注，但对问题的探索可能不够深入。问卷调查方法可能促进研究的定量化，但是，对于“北漂”大学毕业生这一群体来说，一方面由于没有理想的抽样框，无法做到样本的随机性；另一方面，即使是非概率抽样，问卷调查也存在缺陷，原因是缺乏有关调查对象的系统化信息。本研究以定性方法为主进行研究，与“北漂”大学毕业生进行直接对话和沟通，发现了一些过去研究难以展现的研究对象的心理活动、家庭背景、对就业和生活的选择等不同特点。这些来自定性研究的发现为认识、理解“北漂”大学毕业生提供了比较全面、同时又不乏特点的信息和知识。这些信息和知识将为“北漂”大学毕业生研究或者更具一般性的流动就业群体研究提供有益的参考。

第二，这是一个以“扎根理论”为指导的研究。在流动人口研究中，形成了比较强烈的结构性取向，例如“城乡分割”“劳动力市场分割”等。这些研究强调社会制度或结构对个人的制约，从制度或结构分析入手来分析流动人口的处境和命运。由于把握了中国社会转型时期的一些基本态势，这些基于既定框架的研究具有很强的解释和预测力。但是，这类研究也可能忽略个人的能动性和创造性。本研究的主要对象是“北漂”大学毕业生，这个群体的个体具有较强的主动性，个体间的差异也很大。因此，单纯的结构性研究可能不足以充分认识、理解这一群体。而扎根理论具有不同的研究关注点，可能有利于发现“北漂”大学毕业生的特质。扎根理论的特点是在系统收集资料的基础上寻找反映事物现象和本质的核心概念，然后通过这些概念之间的联系建构相关的社会理论。本文基于扎根理论的基本思路，侧重访谈对象的心理、状态、选择等方面的探索和描述，主要通过归纳和比较来提炼结论。研究发现的核心是一个关于“北漂”大学毕业生的结构和个体的“二重性”模式：他们是时代的产物，但每个人又以不同的故事，来谱写“北漂”大学毕业生的动态篇章。基于二重性的“北漂”大学毕业生现象，是一个吉登斯所说的结构化过程，呼唤着对这一群体的更为深入的社会学研究。

第三节　政策建议

“北漂”大学毕业生作为流动人口中的高学历群体，是北京建设可以依赖的重要人才资源，要最大限度地发挥该群体的作用，必须针对“北漂”大学毕业生在北京找不到归宿感、对北京人的身份缺少认同、在北京生存压力大、出现逃离北京等现象，采取有效措施进行干预。在户籍制度改革不可能短期内实现突破的前提下，北京市拟推行的居住证制度和积分落户政策成为解决城市流动人口管理、服务的一个突破口。推行居住证制度的关键是要解决流动人口的市民待遇问题，使“北漂”大学毕业生在就业、教育、住房、购车、社会保障、生育等方面，逐步享受到与北京户籍人口同样的公共服务，打破“北漂”大学毕业生融入北京的制度障碍。推行积分落户政策，为“北漂”大学毕业生打开了结束在北京漂泊状态的另一扇希望之门，关键在于积分体系的合理构建。

一、有关居住证制度的建议

居住证制度是《国务院关于进一步推进户籍制度改革的意见》提出的一项创新人口管理的重要措施。为了推进居住证制度的完善和落实，国务院法制办《居住证管理办法（征求意见稿）》（以下简称《征求意见稿》）公开征求意见。该《征求意见稿》除了就居住证办理、管理等做了明确规定外，还特别规定了“居住证持有人在居住地享受与当地户籍人口同等的基本公共服务”和“居住证持有人在居住地享受的便利”，其核心就是要通过居住证制度的实施，使流动人口在基本公共服务方面享受到市民待遇。北京作为流动人口的集聚地，在居住证制度的推行中要注意以下三点。

一是立足管理，强化服务。从政府的角度看，居住证是流动人口管理的一项重要举措，可以通过这一制度建立起流动人口管理的基础平台，为政府管理流动人口提供更多方便。从流动人口的角度看，居住证寄托着他们对公共服务和市民待遇的更多期待，因此，居住证制度的设计要在拓展服务上下功夫，使“北漂”大学毕业生能够享受到与北京户籍人口同样的公共服务，逐步消减“北漂”大学毕业生与北京户籍人口在公共服务项目享受上的差别，进而弱化他们之间身份上的差别。

二是不设门槛，阶梯服务。覆盖所有流动人口是居住证的核心制度之一，因此，在居住证制度设计时，对“北漂”大学毕业生不应设置门槛，但是北京市由于流动人口数量巨大，所有流动人口都享有同样的公共服务项目会给政府带来极大的财政负担，为了减轻政府的财政负担，可以根据居住年限、社会保险参保年限以及纳税情况等，让“北漂”大学毕业生享受阶梯式的公共服务。

三是确保民生，渐进服务。居住证所负载的服务应该在确保就业和社会保障等基本民生性服务的基础上，渐进式推行教育、医疗、住房等公共事业性服务。对于“北漂”大学毕业生来说，应该重点在公共事业性服务上下功夫，使他们在住房、子女教育等方面享受到市民待遇，缓解他们在北京的生存压力。

二、有关积分落户政策的建议

《国务院关于进一步推进户籍制度改革的意见》指出：严格控制特大城市人口规模、改进城区人口500万以上的城市现行落户政策，建立完善积分落户制度，以具有合法稳定就业和合法稳定住所（含租赁）、参加城镇社会保险年限、连续居住年限等为主要指标，合理设置积分分值；认真落实、优先解决存量的要求，重点解决进城时间长、就业能力强、可以适应城镇产业转型升级和市场竞争环境的人员落户问题；不断提高高校毕业生、技术工人、职业院校毕业生、留学回国人员等常住人口的城镇落户率。北京市要切实落实好以上原则要求，在制定积分落户政策时，有必要处理好以下三方面的关系。

一是处理好积分落户与人口控制的关系。北京作为特大城市，一方面要严格控制人口规模，市政府提出，到2020年，全市常住人口总量控制在2300万人以内，城六区常住人口比2014年下降15%左右；另一方面要按照国家户籍制度改革的要求，逐步有序解决符合首都城市功能定位和经济社会发展需要、长期在京稳定就业和生活的常住人口落户问题，对外来常住人口的贡献予以认可。在严格控制人口规模的大背景下，积分落户作为增加常住人口的一项政策，每年实际可以落户的人口数自然要受到人口总规模、常住人口自然增长数以及其他落户政策审批指标数的影响。因此，在积分落户政策制定过程中，一定要综合考虑影响常住人口增长的各种因素，使得积分落户能够最大限度地使更多流动人口受益。高校毕业生作为积分落户的首要目标群体，使得积分落户对于“北漂”大学毕业生是一个很大的政策利好，这势必会影响到他们在北京的发展选择。

二是处理好积分落户与现行落户政策的关系。梳理北京现行落户政策可以发现，在京落户主要有六条途径：高层次人才落户、投资落户、应聘落户、报考公务员落户、劳模落户、投靠落户。积分落户开辟了在京落户的第七条途径。根据上海、广州积分落户都把目标人群定位在高学历、高端人才的经验，《北京市积分落户管理办法（征求意见稿）》在“教育背景指标”中不仅是大学专科起步，而且是学历越高赋值越大。从中也能看出北京未来积分落户政策的目标群体主要定位在“北漂”大学毕业生，这就会出现“北漂”大学毕业生积分落户与应届大学毕业生应聘落户两个针对大学毕业生落户政策之间的关系如何处理的问题：在户口指标上是此消彼长，还是积分落户不影响应聘落户。从落户对象对北京发展贡献的角度来看，积分落户比应聘落户更有意义，而且更加公平，有利于营造大学毕业生在京就业的良性政策环境。在大学毕业生就业难的当下，应届毕业生应聘落户北京一方面要有很强的个人能力，另一方面也需要有很强的社会资本。很强的个人能力只是对未来贡献的一种预判，是否能真正有所贡献还有待实践检验；很强的社会资本并不是每一个优秀毕业生所具有的，应聘落户在实际操作中夹杂社会资本，势必会影响社会公平。

三是处理好基础指标与导向指标的关系。《北京市积分落户管理办法（征求意见稿）》中积分落户指标体系由基础指标和导向指标构成，基础指标包括合法稳定就业、合法稳定住所、教育背景，导向指标包括职住区域、疏解行业就业、创新创业、专业技术职务、纳税、信用记录、守法记录。积分落户体系尤其是导向指标是根据首都发展定位提出来的，如根据首都行业疏解的需要，对于“在区域性专业市场、一般制造业、《北京市工业污染行业、生产工艺调整退出及设备淘汰目录》范围内就业的申请人”，提出了减分的要求；根据人口由中心城区向外疏解的需要，对申请人就业地和居住地提出了加减分的要求。与基础指标相比，导向指标不仅具有导向作用，而且在积分落户中具有决定性作用。因此，在导向指标的设置以及赋分上，既要根据首都的发展和定位，也要结合北京流动人口的实际，不能把门槛设置得过高，使得流动人口可望而不可及，那样就失去了积分落户政策设计的初衷。

参考文献

著作

卢现祥 :《西方新制度经济学》，中国发展出版社，2003 年。

蔡昉 :《中国流动人口问题》，社会科学文献出版社，2007 年。

侯亚非 :《北京市流动人口变动特征》，社会科学文献出版社，2008 年。

熊光清 :《中国流动人口中的政治排斥问题研究》，中国人民大学出版社，2008 年。

廉思 :《蚁族——大学毕业生聚居村实录》，广西师范大学出版社，2009 年。

全国高等学校学生信息咨询与就业指导中心 :《全国高校毕业生就业状况（2004—2008）》，北京大学出版社，2009 年。

侯亚非、张展新 :《流动人口的城市融入——个人、家庭、社区透视和制度变迁研究》，中国经济出版社，2010 年。

段成荣 :《中国流动人口研究》，中国人口出版社，2011 年。

沈千帆 :《北京市流动人口的社会融入研究》，北京大学出版社，2011 年。

孙祥 :《大学生就业区域流向影响因素研究》，合肥工业大学出版社，2011 年。

雷开春 :《城市新移民的社会认同——感性依恋与理性策略》，上海社会科学院出版社，2011 年。

国家卫生与计划生育委员会 :《中国流动人口发展报告（2011）》，中国人口出版社，2011 年。

全国高等学校学生信息咨询与就业指导中心 :《全国高校毕业生就业状况（2009—2010）》，北京大学出版社，2011 年。

麦可思研究院：《2011 年中国大学生就业报告》，社会科学文献出版社，2011 年。

麦可思研究院：《2012 年中国大学生就业报告》，社会科学文献出版社，2012 年。

麦可思研究院：《2013 年中国大学生就业报告》，社会科学文献出版社，2013 年。

麦可思研究院：《2014 年中国大学生就业报告》，社会科学文献出版社，2014 年。

麦可思研究院：《2015 年中国大学生就业报告》，社会科学文献出版社，2015 年。

王霆：《我国高校毕业生结构性失业问题及对策研究》，中国政法大学出版社，2012 年。

陈向明：《质的研究方法与社会科学研究》，教育科学出版社，2012 年。

贝淡宁：《城市的精神：全球化时代，城市何以安顿我们》，吴万伟译，重庆出版社，2012 年。

国家人口和计划生育委员会：《中国流动人口发展报告（2012）》，中国人口出版社，2012 年。

国家卫生与计划生育委员会：《中国流动人口发展报告（2013）》，中国人口出版社，2013 年。

谭亚莉：《大学毕业生在职业生涯入口处的发展》，清华大学出版社，2013 年。

宋贵伦：《北京社会建设分析报告（2015）》，社会科学文献出版社，2015 年。

论文

朱宝树：《上海市流入人口滞留态势分析》，载《中国人口科学》1999 年第 3 期。

王干：《“北漂”第一人》，载《青年文学》2001 年第 9 期。

胡鞍钢：《就业模式转变：从正规化到非正规化》，载《管理世界》2002

年第 2 期。

周守军 :《大学生非正规就业探析》，载《教育研究》2002 年第 4 期。

郑洁 :《家庭经济地位与大学生就业》，载《北京师范大学学报》（社会科学版）2004 年第 3 期。

文东茅 :《我国高校扩招对毕业生就业影响的实证分析》，载《高等教育研究》2005 年第 4 期。

蔡昉 :《非正规就业 : 发挥劳动力市场配置资源作用》，载《前线》2005 年第 5 期。

连淑芳 :《内—外群体偏爱的内隐效应实验研究》，载《心理科学》2005 年第 1 期。

文东茅 :《家庭背景对我国高等教育机会及毕业生就业的影响》，载《北京大学教育评论》2005 年第 3 期。

王丽 :《非正规就业——大学生弱势群体就业的有效途径》，载《河北师范大学学报》（教育科学版）2005 年第 6 期。

张羽 :《80 后“北漂”的生存状态研究》，中国青年政治学院硕士学位论文，2005 年。

左鹏 :《漂在北京——隐性就业的大学毕业生调查》，载《青年研究》2006 年第 10 期。

王春光 :《农村流动人口的“半城市化”问题研究》，载《社会学研究》2006 年第 5 期。

孟维 :《大学生非正规就业“强”弱势群体研究》，载《辽宁工程技术大学学报》（社会科学版）2006 年第 2 期。

余华义 :《高校扩招、毕业生就业难与“人才高消费”》，载《社会科学研究》2006 年第 3 期。

孙宏 :《对当前大学毕业生非正规就业的估计分析》，载《甘肃社会科学》2006 年第 3 期。

任远、邬民乐 :《城市人口的社会融合 : 文献综述》，载《人口研究》2006 年第 3 期。

翟振武 :《北京市流动人口的基本特征》，载《红旗文稿》2007 年第 12 期。

余锋 :《非正规就业——大学毕业生就业新模式探讨》，载《湖北社会科学》2007 年第 6 期。

管静娟 :《社会资本与大学生就业关系研究》，载《青年探索》2007 年第 2 期。

温雪姣 :《大众传媒的身份认同感构建分析》，载《东南传播》2008 年第 7 期。

徐祖荣 :《流动人口社会融入障碍分析》，载《党政干部学刊》2008 年第 9 期。

张文宏、雷开春 :《城市新移民社会融合的结构、现状与影响因素分析》，载《社会学研究》2008 年第 5 期。

董海军 :《大学毕业生隐性就业 : 偏见与重识》，载《西北人口》2009 年第 6 期。

郭星华 :《漂泊与寻根 : 农民工社会认同的二重性》，载《人口研究》2009 年第 6 期。

廉思 :《我国“校漂族”群体的生存现状与定量研究》，载《社会科学家》2009 年第 4 期。

郭星华 :《高学历青年流动人口社会认同状况及影响因素分析》，载《中州学刊》2009 年第 6 期。

嘎日达、黄匡时 :《西方社会融合概念探析及其启示》，载《国外社会科学》2009 年第 2 期。

杨菊华 :《从隔离、选择融入到融合 : 流动人口社会融入问题的理论思考》，载《人口研究》2009 年第 1 期。

饶志华 :《当代“校漂族”形成的原因及其教育路径选择》，载《青少年研究》2010 年第 5 期。

马承钧 :《民国时期的“北漂”》，载《文苑》2010 年第 12 期。

吴要武 :《高校扩招与大学毕业生就业》，载《经济研究》2010 年第 9 期。

牛廷立 :《大学毕业生就业期望影响因素分析》，载《人才资源开发》2010 年第 5 期。

谢莹 :《论传媒影像与身份重构》，载《新闻爱好者》2010 年第 6 期。

韩丹 :《工作满意度 :“体制内”和“体制外”就业者的比较研究》，载《社会科学辑刊》2010 年第 6 期。

欧阳海燕 :《中产病人》，载《小康》2010 年第 4 期。

余潇茜 :《北上广，我们逃离又逃回》，载《百姓生活》2011 年第 11 期。

杨钋：《高校毕业生就业流动现状的分析》，载《国家教育行政学院学报》2011年第4期。

熊林：《大城市高学历流动人口基本特征调查》，载《城市观察》2011年第3期。

孙运宏：《“北漂”现象的社会学解读》，载《西安社会科学》2011年第4期。

廉思：《“蚁族”身份认同研究》，载《社会科学家》2011年第12期。

朱平翠：《城市高学历流动人口生存状况浅议——基于几次人口普查相关数据的一点思考》，载《农村经济与科技》2012年第7期。

刘喆：《大学生非正规就业与社会支持体系研究》，载《教育教学论坛》2012年第7期。

李具恒：《多维劳动力市场分割、大学生就业流动与就业空间拓展》，载《西北人口》2012年第6期。

李荣彬：《流动人口身份认同的现状及影响因素研究——基于我国106个城市的调查数据》，载《人口与经济》2012年第4期。

陈剩勇：《国有企业“双轨制”用工制度改革：目标与策略》，载《学术界》2012年第1期。

肖蓉：《“校漂族”现状分析及对策研究》，载《现代教育科学》2012年第3期。

张春生、杨菊华：《推进我国流动人口社会融合是一个大政策》，载《红旗文稿》2012年第20期。

郭菲、张展新：《流动人口在城市劳动力市场中的地位：三群体研究》，载《人口研究》2012年第1期。

李俊：《近五年毕业大学毕业生生存状态研究》，南京师范大学社会学硕士论文，2012年。

朱秋香：《社会工作视野下“蚁族”去弱势研究》，安徽师范大学社会学硕士论文，2012年。

武毅英：《多学科视域下的高校毕业生就业流动与社会分层之关系》，载《现代大学教育》2013年第2期。

崔岩：《流动人口心理层面社会融入和身份认同问题研究》，载《社会学研究》2013 年第 5 期。

王培安 :《让流动人口尽快融入城市社会》，载《求是》2013 年第 7 期。

杨菊华 :《北京市青年流动人口行为适应比较研究》，载《青年研究》2013 年第 4 期。

胡小武 :《候鸟型白领 : 逃离北上广和"大都市化陷阱"》，载《中国青年研究》2013 年第 3 期。

吴克明 :《高等教育社会流动功能弱化现象研究》，载《教育发展研究》2013 年第 9 期。

马莉萍 :《逃离还是北漂？——高校毕业生落户北京政策与毕业生的就业选择》，载《教育与经济》2015 年第 3 期。

廉思 :《青年流动人口服务管理的实践探索》，载《前线》2015 年第 11 期。

调查报告

北京高校毕业生就业指导中心 :《2012 届北京高校毕业生就业状况调查报告》。

北京高校毕业生就业指导中心 :《2013 届北京高校毕业生就业状况调查报告》。

北京高校毕业生就业指导中心 :《2014 届北京高校毕业生就业状况调查报告》。

北京高校毕业生就业指导中心 :《2015 届北京高校毕业生就业状况调查报告》。

报纸、网络资料

《大学生 3 年内跳槽率达七成》，载《北京人才市场报》2005 年 7 月 4 日。

《武大校长称就业难与高校扩招无直接关系》，载《人民网》2009 年 3 月 4 日。

《大学生就业难不是扩招惹的祸》，载《新华网》2009 年 3 月 8 日。

《大学生就业难与大学扩招无必然联系》，载《人民网》2009 年 3 月 9 日。

《大学生就业年内跳槽过半》，载《烟台日报》2009 年 11 月 29 日。

《谁在逃离"北上广"》，载《人民网》2010 年 7 月 29 日。

《城市六大病：中国城市发展新挑战》，载《光明日报》2010 年 11 月 7 日。

《数据显示：中国大学生与农民工起薪差距缩小》，载《中国新闻网》2010 年 11 月 22 日。

《为何重回“北上广”》，载《光明网》2011 年 8 月 17 日。

《北京“洋北漂”3.1 万人》，载《北京晚报》2012 年 7 月 26 日。

《人口流动正由“可逆”向“不可逆”转化》，载《中国社会科学报》2013 年 2 月 22 日。

外文资料

Park, R. E. & E. W. Burgess, *Introduction to the Science of Society*, Chicago: University of Chicago Press, 1921.

Park, R. E., “Human Migration and Marginal Man,” *The American Jounal of Sociology*, 1928.

Gordon, Milton, *Assimilation in American Life*, Glencoe, IL: Free Press, 1964.

Portes, and Alejandro, *Assimilation or Consciousness: Perceptions of U.S. Society Among Recent Latin American Immigrant to the United States*. Social Forces， 1980.

Alba, Richard, Victor Nee. *Remaking the American Mainstream: Assimilation and Contemporary Immigration*, Boston: Harvard University Press, 2003.

附录一：访谈提纲

1. 你哪年出生的？老家是哪里的？结婚了没有？有孩子没有？有房子没有？有私家汽车没有？

2. 你是哪一年毕业的？在哪个学校上学？学的是什么专业？可以谈谈毕业那年找工作的过程吗？你一开始就把工作地点定位在北京？有没有尝试着到京外地区找工作？是什么促使你最后决定在北京工作？你选择北京主要考虑哪些因素？

3. 你最初在什么单位？从事什么工作？是什么促使你选择了那份工作？你现在在什么单位？从事什么工作？中间跳了几次槽？为什么换工作单位？每次换工作大概是什么时间？你对你每次换工作或者岗位调整满意吗？每次工作的信息是通过什么渠道获得的？

4. 你当年找工作有给你解决户档关系的单位吗？（如果有的话）你为什么放弃？你当时对北京户口是怎么看待的？现在又怎么看待北京户口？

5. 你对现在的工作单位、工作岗位、工作条件、工资水平是否满意？你起初的工资大概是什么水平？能谈谈你的工资变动过程吗？你对工作整体变化趋势怎么评价？你工作过的单位都与你签订过劳动合同吗？都给你上过什么保险？单位内部同岗位员工的保险有差别吗？

6. 你工作以来，住的地方有什么变化吗？都在什么地方？每次选择住的地方主要考虑哪些因素？最重要的是哪个因素？你对居住的条件、区位是否满意？你对居住变化的趋势怎么评价？

7. 你业余活动主要有哪些？你消费的主要开支是哪些方面？你通常的消费是什么层次？你日常交往的对象都是哪类人？和北京本地人交往多吗？你对生活变化的趋势怎么评价？

8. 你从内心觉得你是北京人（宽泛意义上的）吗？你的心理归宿是北京的家还是老家的那个家？你认为你的社会地位如何（和同年毕业的大学生比）？能谈谈你对自我身份、心理归宿的心理变化过程吗？

9. 你认为你工作压力大吗？这种压力来源于工作本身还是自己的过高要求或者定位，甚或是生活压力的传导？你生活压力大吗？这种压力来源于收入水平不高，还是自己对生活品质的高要求？你精神压力大吗？这种压力主要来源于工作、生活，还是家庭、社会？你对你压力的变化趋势如何评价？

10. 与解决了北京户档关系的同学、去京外工作的同学比，你觉得有什么不同吗？与身边的北京本地人比，你觉得有什么不同吗？你认为北京人会怎么看待外地人？

11. 你现在的状况是否与你最初的设想一致？一致的原因是什么？不一致的原因是什么？长远打算你是否会留在北京？北京最吸引你的是什么？在北京发展，你对自己的未来是否有信心？这种信心来源于什么？

12. 你觉得户口、房子、车子、婚姻、孩子对自己的影响分别在什么方面？是否认为有了这些东西，就可以说自己在北京有了“根”？

13. 你对“北漂”大学毕业生怎么看？你对“北漂”中的“蚁族”现象怎么看？

14. 你认为你是否融入了北京？融入的主要理由是什么？没有融入的主要障碍是什么？

15. 你可以谈谈工作以来的心理感受吗？觉得自己的思想和心理有什么变化吗？

附录二：访谈对象

DGD：男，已婚，32岁，陕西人，城市户口，2007年陕西××大学光学专业毕业，先后在深圳、西安、北京等地工作，2011年来北京，现在一家外资企业工作，与妻子在北京租房居住，妻子在北京一家私营企业工作。

HHT：男，已婚，40岁，黑龙江人，农村户口，1998年黑龙江××大学俄语专业毕业，先后在绥芬河、北京等地工作，1999年来北京，2004年在管庄购买了一套住房，2007年儿子出生，妻子与自己一块创业，2008年购买了一辆小轿车，2010年自己开公司。

HYW：男，已婚，33岁，湖南人，城市户口，2003年河北××大学金融学专业毕业，毕业后先后在北京、杭州等地工作，2006年离开北京，现在杭州一家私营企业工作，在杭州有房、有车，2009年结婚，2012年女儿出生。

XJW：男，已婚，32岁，贵州人，城市户口，2004年天津××大学软件工程专业毕业，毕业后一直在北京、燕郊等地工作，2010年离开北京，现在自己开公司，2010年在河北燕郊购买了一套住房，2012年结婚，妻子在北京一家贸易公司工作。

WHB：男，已婚，34岁，广西人，农村户口，2002年山东××大学自动化专业毕业，毕业后一直在北京工作，现在一家私营企业工作，2007年在顺义购买了一套住房，妻子在北京一家私营企业工作。

ZZW：男，已婚，30岁，山西人，城市户口，2006年北京××大学信息工程与信息系统专业毕业，毕业后一直在北京工作，现在一家国有企业工作，2009年在西三旗购买了一套住房，2010年购买了一辆小轿车，2013年儿子出生，妻子在北京一家杂志社工作。

DYW：男，未婚，26岁，浙江人，农村户口，2009年北京××大学机械工程专业毕业，毕业后一直在北京工作，现在一家外资企业工作，毕业时父母在天通苑买了一套住房。

ZKW：男，未婚，30岁，湖北人，农村户口，2007年北京××大学工商管理专业毕业，毕业后先后在湖北随州市、北京等地工作，现在一家网络设备公司工作，在北京租房居住，与大学同学合租。

WDL：男，未婚，28岁，安徽人，农村户口，2009年天津××大学财务管理专业毕业，毕业后一直在北京工作，现在一家私营企业工作，在北京租房居住，与高中同学合租。

QLH：男，未婚，29岁，河北人，城市户口，2007年河北××大学财政金融学专业毕业，毕业后一直在北京工作，现在一家保险公司工作，在北京租房居住，与大学同学合租。

LB：男，未婚，34岁，辽宁人，农村户口，2004年河北××大学中文专业毕业，毕业后一直在北京工作，现在一家咨询公司工作，在北京单独租房居住。

GMY：男，未婚，29岁，内蒙古人，农村户口，2009年内蒙古××大学机械工程专业硕士毕业，毕业后一直在北京工作，现在一家软件公司工作，在北京租房居住，与高中同学合租。

WF：男，未婚，31岁，甘肃人，农村户口，2005年北京××大学会计学专业毕业，毕业后一直在北京工作，现在一家私营企业工作，在北京单独租房居住。

HHB：男，未婚，28岁，山西人，城市户口，2008年山西××大学环境工程专业毕业，毕业后一直在北京工作，现在一家环境影响评价公司工作，在北京租房居住，与高中同学合租。

ZW：男，未婚，27岁，贵州人，农村户口，2009年北京××大学新闻学专业毕业，毕业后一直在北京工作，现在一家报社工作，在北京租房居住，与大学同学合租。

YHY：女，已婚，35岁，湖南人，城市户口，2003年湖南××大学会计学专业毕业，先后在长沙、北京等地工作，2006年结婚，2008年来北京，现在一家民营企业工作，2009年在西红门购买了一套住房，2011年女儿出生，丈夫在北京一家网络公司工作。

ZLL：女，已婚，34岁，四川人，城市户口，2002年北京××大学旅游管理专业毕业，毕业后一直在北京工作，现在一家旅行社工作，2010年在石景山购买了一套住房，丈夫为北京本地人，在一家国有企业工作。

BJY：女，已婚，37岁，吉林人，农村户口，1999年吉林××大学物流管理专业毕业，毕业后一直在北京工作，现在一家私营企业工作，2006年在大兴购买了一套住房，2010年购买了一辆小轿车，2011年女儿出生，丈夫在北京一事业单位工作。

YWH：女，已婚，33岁，陕西人，城市户口，2006年四川××大学园林设计专业硕士毕业，毕业后一直在北京工作，现在一家园林绿化公司工作，在北京租房居住，丈夫在北京一家私营企业工作。

LS：女，未婚，30岁，山东人，城市户口，2007年北京××大学土木工程专业毕业，毕业后一直在北京工作，现在一家民营企业工作，在北京租房居住，与大学同学合租。

LXY：女，未婚，28岁，山东人，农村户口，2010年北京××大学艺术设计专业毕业，毕业后一直在北京工作，现在一家网络公司工作，在北京租房居住，与男朋友合租，男朋友是其大学校友，毕业后做大学生村官，现在北京一区的政府部门工作。

WY：女，未婚，30岁，江西人，城市户口，2007年江西××大学汉语言文学专业毕业，毕业后先后在南昌、北京等地工作，2009年来北京，现在一广告公司工作，在北京租房居住，与高中同学合租。

LHX：女，未婚，31岁，河南人，城市户口，2006年河南××大学工商管理专业毕业，毕业后先后在南京、北京等地工作，2008年来北京，现在一家私营企业工作，在北京租房居住，与大学校友合租。

WL：女，未婚，30岁，福建人，城市户口，2006年北京××大学国际贸易专业毕业，毕业后一直在北京工作，现在一家外贸公司工作，在北京单独租房居住。

后　记

“北漂”大学毕业生作为北京流动人口中的高学历群体，是北京建设和发展可以依靠的重要人力资源。但是由于“北漂”大学毕业生没有北京户口，他们虽然生活、工作在北京，却无法享受到北京市民的待遇，因而出现在北京的社会融入程度较低的状况，对“北漂”有较高的群体身份认同，而对“北京人”缺乏地域身份认同。“北漂”大学毕业生在受结构性因素影响的同时，其个人能动性也发挥着重要作用，他们可以依靠自己基于血缘、学缘、业缘形成的社会资本，对未来发展自主做出选择，从而出现了“坚守”和“逃离”两种现象。无论是“坚守”者还是“逃离”者，其中既有在北京发展比较成功的，也有发展不是很好的，所以不能单纯从未来发展地域的选择上来简单地给“北漂”大学毕业生下结论。

为了较为全面地反映“北漂”大学毕业生在北京生活、发展的心路历程，使人们对“北漂”大学毕业生群体有较为客观的认知，本研究采用半结构访谈的方式，成功访谈了24位“北漂”大学毕业生，与每一位访谈对象对话的过程，使我有一个强烈的感受，就是他们都在为理想而在北京奋斗着，既承受着工作、生活、精神等方面巨大的压力，也对未来发展有强烈的憧憬。正是访谈对象敞开心扉的坦陈，才使得我掌握了大量鲜活的一手资料，为后期的写作奠定了坚实的基础。在此要感谢每一位访谈对象以及为我推荐访谈对象的各位朋友。

本研究从选题酝酿到最后成书，都有赖于张展新老师的悉心指导。张老师根据我在高校工作的实际，推荐了一个与所学专业相关的流动人口研究课题。为了确保研究能有科学的方法做指导，张老师还为我联系了清华大学社会学系郭于华教授，在郭老师“定性研究”的课堂上，我学到了本研究中所运用的非概率抽样、半结构访谈以及扎根理论等定性研究的方法。在写作遇到困惑的时候，张老师推荐书籍和素材、组织研讨、拨开云雾的指点，使得认识得到了升华。在此要感谢张展新老师和郭于华老师，从两位老师身上不仅学到了知识和方法，更学到了严谨的学术态度，使我受益匪浅。

本研究完稿后，还得到了北京市委党校侯亚非教授、清华大学郭小军教授、中国人民大学刘爽教授、南开大学原新教授以及中国社会科学院人口与劳动经济研究所郑真真教授、王跃生研究员、高文书研究员的审阅，诸位老师在审阅中也提出了一些建设性的修改建议，为本著作的完善以及本人今后就“北漂”大学毕业生的深入研究指明了方向。在此一并对七位评阅老师表示感谢！

本研究成果在写作过程中参考了大量文献，在出版过程中得到了北京人文在线文化艺术有限公司的大力支持，在此一并对参考文献作者和出版单位相关人员表示感谢。

作者于 2017 年 2 月